人人懂点经济学

Economics of
Love and Marriage

婚恋经济学

俞炜华 著

生活·讀書·新知 三联书店

推荐序 1

一部闪耀着理性之光的 通俗经济学读本

/ 谢作诗

俞炜华博士的《婚恋经济学》一书出版,邀我作序。我乐于为之。

《婚恋经济学》从交易和约束条件下利益最大化的角度来解读婚恋行为,这无疑会冒犯那些"道德君子"。爱情纯洁,婚姻神圣,怎么能用"赤裸裸、冷冰冰"的交易关系来解读呢?

然而交易怎么了?交易不是偷、不是抢、不是骗、不强迫,你情我愿,既让对方满意,也使自己欢心,怎么不是天底下最高尚的事情呢?

利益又怎样?在意并追求自身利益,才能在根本上尊重他人的利益。其中道理不复杂:如果你通过损害他人利益来实现自身利益,那么就没有人跟你玩了,最终只会损害自身利益。都不追求自身利益,那么利他还有什么意义?

其实,离开了交易,偷、抢、骗、强迫就会发生。离开了自愿,怎么可能不是偷、抢、骗、强迫?所以我们讲,贸易是战争的替代。孟德斯鸠说,哪里有商业,哪里就有美德。而亚当·斯密则强调,社会和谐无须利他,在好的制度约束下,每个人主观上追求自身利益,客观上会实现社会利益最大化,而且效果比其刻意去实现社会利益要好很多。

所以爱情要讲究般配,婚姻要求门当户对。你以为焦大跟林妹妹在一起,整个社会的福利指数就能提高?不但福利指数不能提高,社会稳定可能都无法维持。

家庭就不是交易?那为什么社会保障会淡化父母与孩子之间的亲情?因为有了社会保障,无论父母还是孩子,从对方获得的依靠和回报都降低了啊!那为什么我们说久病床前无孝子?因为孝也有价!

有上面所说的错误认识,一点儿也不奇怪,因为我们历来不理解交易和商业的本质,蔑视商业,认为无商不奸。我不否认有奸商存在,但这哪是商业和商人的问题?是法制有缺陷啊!

我开微店卖签名书,有朋友好心相劝:你一个教授,怎么做这事?我做这事怎么了?靠自身劳动,为社会传播正确的经济学知识和正确的市场经济理念,同时挣一点儿钱——虽然是小钱儿,有什么不好?我们羡慕一夜暴富,殊不知社会需要的恰恰是像我这样靠踏实劳动来挣钱的人。

我认为婚恋问题是考验一个人智商和科学素养的试金石。俞炜华博士的《婚恋与选择》我早就读过。这次在《婚恋与选择》一书的基础上写成的《婚恋经济学》一书中，他补充了许多新内容。我与俞博士有多年的交情，我了解他的思想、方法。他的思想纯粹，方法科学。《婚恋经济学》是一部闪耀着理性之光的通俗经济学读本。

我谨向大家推荐这本闪耀着理性之光的《婚恋经济学》！

2016 年 10 月

推荐序 2

婚恋需要经济学

/ 董新兴

应俞炜华老师之邀为他即将出版的《婚恋经济学》写点儿东西。在此我首先要祝贺俞老师在婚恋经济学方面取得了一些新的研究成果！

经济学在二百四十多年前诞生之时是研究国民财富的一门科学，至今已经发展成为研究国家治理、企业经营、组织关系、个人行为，乃至渗透至政治学、法学、社会学、历史学等诸多社会科学之中的一门科学。有人主张建立统一的大社会科学。如果真的要建立这样的大社会科学，或许只有经济学的方法和理论能够承担起这样的重任。

经济学对其他学科的渗透被称为"经济学帝国主义"。俞老师就是一位彻底的"经济学帝国主义者"。他不仅用经济学的方法和理论研究历史问题和现实问题，并取得了卓越的成果，而且将经济学的方法和理论应用到婚恋问题的研究中，也取得了累累硕果。2011年俞老师出版了《婚恋与选择》一书，引起了很大的社会反响，他也成为知名的婚恋经济学专家。俞老师给学生开的婚恋经济学和社会问题经济学课程倍受学生欢迎。

2014年，我从山东人民出版社调到济南大学金融研究院工作，并承担了本科生的"经济学基础"课程的教学。受俞老师的影响，我自作主张在常规教学之外，给同学们补充了婚恋经济学、家庭生育经济学、犯罪经济学等社会问题经济学的内容，受到了同学们的热烈欢迎。当我宣布课程结束的时候，同学们竟恋恋不舍，大呼"没听够"！由此可见婚恋经济学的魅力之大。

俞老师是我的老朋友，我在编辑《经济学家茶座》时就经常拜读他的婚恋经济学文章。七年前俞老师的《婚恋与选择》一书出版时我是这本书的责任编辑，并且为其写了一个序言——《像经济学家一样思考婚恋》。俞老师即将出版的《婚恋经济学》是他在《婚恋与选择》的基础上重新撰写的一部著作，补充了许多新的、有趣的研究成果。当然，其方法和理论是一脉相承的，那就是经济学的方法和理论。所以我的那篇序言仍然适合本书。在那本书的序言中，我是这样写的：

> 在一般人的印象中，爱情、婚姻是伟大的、神圣的、

纯洁的，是文学艺术的"永恒话题"，即使在学术上做点研究，也不过是社会学家、伦理学家的事，跟"庸俗"的经济学有何干系？

然而，在海外，早在20世纪60年代就有人把经济学的方法运用到婚姻家庭问题的研究之中，这个人就是美国著名经济学家加里·贝克尔。1965年贝克尔发表的论文《关于时间分配的理论》，就涉及家庭内部的分工合作问题。此后十几年间他一发不可收拾，连续发表了一系列的关于婚姻、家庭、生育等方面的论文。最后这些论文经修改、整理、重写后于1981年结集出版，这就是著名的《家庭论》。贝克尔还用经济学的方法研究了人力资本、歧视、犯罪、吸毒等问题，最终因将微观经济学分析扩展到更大领域，比如各种各样的人类行为和交往，甚至非市场行为，于1992年获得诺贝尔经济学奖。

由于种种原因，现代经济学在国内传播的时间很短——我们一度抛弃了它，从改革开放开始又重新拾起，也就四十多年的时间，经济学教育和普及工作也做得非常不够——不像发达国家那样早就将经济学纳入了中小学甚至幼儿园阶段的教育，以致大多数国人的经济思维极度缺乏。这就难怪许多人认为婚恋与经济学无关了。普及经济学知识，培养经济学思维，成为时代的迫切需要。

多年来，我一直在关注着经济学普及读物的出版。国内也有几本所谓的"爱情婚姻经济学"方面的图书出版，但读后总有隔靴搔痒之感。读了俞炜华博士的《婚恋与选择》一书后，我顿感眼前一亮——这是一本用经济学的方法和文学般的语言，深刻系统地解剖古今爱情婚恋的图书，实在难得。我早在编辑《经济学家茶座》时就拜读过俞博士写的一些用经济学方法探讨婚恋问题的稿子，但是读到《婚恋与选择》就马上拍案叫绝！

俞博士的这本书，可能会给人"离经叛道"之感。饱受"道德高尚的正人君子"诟病和批判的中国古代许多婚姻制度，在俞博士看来却有着符合当时历史条件的经济理性。全书以"一个现象要长久存在，背后一定有其经济理性"为信条，将成本收益分析、边际分析等经济学方法贯穿于全书。俞博士对当代社会中的婚恋、家庭、生育等现象的经济学分析更是让人耳目一新，给人一种意料之外、情理之中的感觉。这些都让人感受到"经济学帝国主义"的强大力量。就像作者在自序中所说，即使您不完全同意作者的这些"离经叛道"的观点，但细读本书后，您至少会认为这样的解释还是有一定的道理的。

像俞博士这样用经济学的方法来研究婚恋家庭等"非经济学问题"的现象被称为"经济学帝国主义"。它说的是经济学凭借强大的分析工具,成功地"入侵"其他学科,并取得了骄人的业绩,一些经济学家(例如贝克尔)靠其登上了诺贝尔经济学奖的宝座。这与帝国主义武力扩张(当然靠的也是一种实力)是截然不同的。帝国主义武力扩张是一种双输博弈(战争严重破坏双方经济社会)或者零和博弈(你的地盘大了,我的地盘就小了),而"经济学帝国主义"的扩张是一种双赢博弈或者共赢博弈——它促进了经济学和其他学科的共同发展,为全人类造福。近几十年来,学科的交叉研究成为社会科学和自然科学发展的趋势和共识。而实际上,从古到今,学科的交叉就没有停止过。举个大家都比较熟悉的例子,现代医药学的产生和发展与化学、物理等学科的发展密切相关。现代西药大部分是化学药品,即使是所谓的生物制药,也是用化学的方法化验和制作,所有的现代医疗器械(比如B超、X光机等)都是物理科学发展的成果。可以说,没有现代化学和物理学的发展,就没有现代医药学。从这个角度看,我们完全可以说现代医药学是"化学帝国主义"和"物理学帝国主义"入侵医药学的结果。可是,这样的"帝国主义"又有什么不好呢?

其实,各学科之间本来就没有严格的界限,也不应该有严格的界限。所有学科的学理都是相通的,甚至有很多自然科学和社会科学的学理也是相通的。人们之所以划分学科，其初衷是为了专业化分工，以提高生产效率。但是画地为牢、作茧自缚，就会阻碍科学创新，与专业化分工的初衷背道而驰！

我很欣赏俞博士公开坦承自己是"一个无可救药的、彻底的、'无耻的'经济学帝国主义者"。这里我们看到的是一个真正的学者大无畏的科学态度——科学是没有疆界的，科学家只向真理投降。这一点，贝克尔早就给我们做出了榜样。贝克尔在用经济学的方法征服了许多领域以后，从来没有以被人称为"经济学帝国主义者"为耻，而是以之为荣。2005年6月2日，贝克尔在北京大学中国经济研究中心万众楼回答记者提问时说，他非常喜欢"经济学帝国主义"这个说法。"这不是一个社会征服另一个社会那样的概念。经济学的方法可以用于更广泛的领域，而且可以和物理、化学、生物工程等学科结合起来。经济学家想知道，能否用经济学的工具解决一些传统经济学解决不了的问题，例如社会、家庭、犯罪问题等等。"(《经济观察报》，2005年6月12日)

通过网络新闻，了解到有一些青年人为情所困而走上不归之路，真是叫人痛心！这反映出他们在爱情婚恋方面理性严重不足。然而谁应该对这些极端事件负责？教育工作者和学校有没有道义上的责任？我们给孩子灌输的知识中有多少是有价值的？像婚恋知识这些人生中一定会用得到的重要知识我们有没有告诉他们？记得俞博士在本书自序中说，他曾经向学校申请开设"爱情、婚姻和家庭经济学"选修课，但是被专家组拒绝。这实在叫人惋惜和不解！我真心希望我们的学校、我们的家长、我们的整个社会都本着对民族负责、对下一代负责的精神，多向孩子普及一些有用的知识，也希望青年男女通过这本书加深对爱情婚恋的认识，增加理性，减少盲目和冲动，让自己的青春更美好，让自己的生活更美好。如此，我想作者写作本书和编者出版本书的目的也就达到了。

最后，我要再次大声呼吁青年人要学一点经济学。多一点经济理性，对你的恋爱、婚姻、家庭、生育乃至整个人生大有好处！

自 序

一个"经济学帝国主义者"的婚恋观

贝克尔等经济学先贤筚路蓝缕,以启山林,使婚恋家庭经济学成为现代经济学重要的组成部分。贝克尔、波斯纳等学者关于婚姻问题的洞见,让我深深地为经济分析方法的魅力所折服,使我从一个"经济学帝国主义者"变成一个无可救药的、彻底的、"无耻的""经济学帝国主义者"。在每次思路枯竭时,我会一次次重读贝克尔的《家庭论》等经典书籍,学习其精妙的分析视角,为我的写作寻找灵感。用相对通俗的语言将这些学者的洞见介绍给一般的读者,可能是愚笨的我能为"经济学帝国主义"大厦添砖加瓦的唯一方式。

波斯纳在《性与理性》一书中这样写道:"经济学理论把这些视角、洞见以及其他可以公道地称为科学的或是社会科学的性态理论都包容进来,整合为一体,并超越了这些理论。"对爱情、婚姻和家庭的研究同样如此。本书就试图应用理性选择工具整合历史学、性学、社会学、社会生物学等学科对爱情、婚姻和家庭的思考。当然，成功与否，有待读者评判。

本书的不少内容在西安交通大学面向全校本科生的通识类选修课"社会问题的经济学分析"中得到使用。在课堂上、课后甚至在答题纸的最后，学生时常表达这样的想法："老师，您讲的东西我能够接受，但决定爱情和婚姻的不仅仅是成本和收益。"这种想法在一些非经济学专业的专家中同样存在。记得在向学校申请开设"爱情、婚姻和家庭经济学"选修课的答辩中，专家组就否定了开设这门课程的价值，认为爱情、婚姻和家庭是情感关注的事情，无法用"庸俗"的经济学成本收益法去解释，经济学"捞过界"了。

面对这样的质疑，我时常觉得语言贫乏。"我们从事经济学研究的人只懂得经济分析方法。"这个万金油的答案是我敷衍学生提问的唯一方法。的确，如果我没有学过和思考过相关问题，让我接受本书中的一些命题也有很大的难度。如果读者向我问同样的问题，也许我本人信奉的一个原则——"一个现象要长久存在，背后一定有其经济理性"，可能是这个问题更好的答案。

应用经济学分析人类的爱情婚姻制度，也许给人感觉冷血。这也是不少人认同成本收益分析，但无法在感情上接受其可以应用于爱情婚姻问题分析的原因所在。在现实中，每年有多少青年男女因为感情问题走上绝路！如果能理性地看待爱情和婚姻问题，尊重自身的生命和对方的选择，就能挽救在爱情中迷失自我的灵魂。也许，这也是经济学"经世济民"的具体体现吧。希望本书能在爱情和婚姻家庭的选择中种下一些理性的种子。

浙江财经大学的谢作诗教授和济南大学的董新兴教授在百忙之中拨冗为本书写了推荐序。这两位教授不光文采斐然，思想也异常深刻，特此感谢！

笔者的联系邮箱为：yuweihua@mail.xjtu.edu.cn，欢迎读者批评指正！

是为序。

目 录

第一篇 恋 爱

恋爱的成本和收益　　　3

恋爱中女性的喜怒　　　8

稀缺、选择与爱情　　　12

"婚恋市场"中的信息　　　18

从经济学角度看网恋　　　24

"鲜花插在牛粪上"与"老牛吃嫩草"　　　28

一见钟情和日久生情　　　35

"剩下"和"被剩下"

　　——"剩女"之经济学分析　　　40

对大学生恋爱的态度　　　46

失恋经济学　　　51

第二篇 婚 姻

彩礼现象　　　　　59

高房价与丈母娘的要求　　　68

人类婚姻的生物本质　　　71

女性不上桌的历史原因　　　80

婚前同居和试婚　　　83

结婚的成本与收益　　　90

父母之命，媒妁之言　　　97

门当户对　　　105

女嫁男、裹脚和三从四德　　　112

童养媳制度盛行的历史原因　　　118

古人早婚的原因

　　　——从"十八相送"谈起　　　123

男人不止一面　　　128

出轨与婚外情　　　132

关于离婚　　　146

一夫多妻和一妻多夫　　　165

古代中国独特的妾　　　188

婚恋与道德　　　　　194

人类婚姻的未来　　　　197

第三篇　家　庭

家庭的成因
　　——基于"交易成本"的视角　　　207

家庭内分工　　　213

大家庭变成小家庭　　　220

家庭中的利己和利他　　　227

血亲融资的作用　　　233

第四篇　生　育

生养小孩的意愿　　　241

收入影响生养孩子的数量　　　247

生男还是生女
　　——性别选择和性别比失衡的经济学因素　　　251

"边际人口"与溺婴　　　258

生育管制对生养行为的影响　　　263

人口最优规模无法确定　　　　268
先秦时期的养老制度　　　　　273

附录1　人类婚姻的前途
　　　　——评俞炜华的《婚恋与选择》　　275
附录2　妾心如水意为谁
　　　　——读《婚恋与选择》有感　　281
后　记　　　　288

第一篇

恋 爱

> 尽管爱情需要支出那么多的成本,但爱情给男女带来的愉悦是如此强烈,以至于一代代青年男女为享受爱情放弃诸多选择,甚至自己的生命。

恋爱的成本和收益

爱情，这种把人折磨得死去活来的迷人的情感运动，同样遵循着成本收益的经济思维。

什么叫爱一个人？爱一个人就是"你快乐我就快乐，你痛苦则我也痛苦"。用经济学专业术语表达就是，在我的效用函数中有你的效用，而且你的效用越高，我的效用也就越高。在喜怒哀乐被对方牵着走的时候，成本和收益也得以凸显。

"在那遥远的地方，有位好姑娘。人们走过她的帐房，都要回头留恋地张望。她那粉红的小脸，好像红太阳；她那美丽动人的眼睛，好像晚上明媚的月亮。我愿意抛弃了财产，跟她去放羊，每天看着粉红的笑脸，和那美丽金边的衣裳。我愿做一只小羊，跟在她身旁，我愿她拿着细细的皮鞭，不断轻轻打在我身上。"

上面那首广为传唱的《在那遥远的地方》中的男主角，为了追求"遥远的地方"那位活泼可爱的好姑娘，愿意付出"抛弃了财产"的成本，以得到"每天看着粉红的笑脸，和那美丽金边的衣裳"的收益。

那么，爱情的成本与收益到底为何？且听我慢慢道来。

恋爱的收益主要有以下几种。

第一，恋爱是一种情感消费。人们会从恋爱中获得甜蜜、快乐等感觉，这会给恋爱者带来效用。

第二，通过恋爱过程了解异性，减少双方的信息不对称，淘汰不适合一起组建家庭的异性，为以后建立稳定的婚姻关系和男女双方共同生养小孩打下基础。"以性为基础的爱情使男人和女人走到一起并且为了繁重的抚育任务而甘苦与共、风雨同舟。"（马尔科姆·波茨和罗杰·肖特：《自亚当和夏娃以来——人类性行为的进化》）爱情不能根除但可以减少婚后夫妻之间的利益冲突。如果我喜欢自己的妻子，在使她幸福这一点上，我们的利益就是一致的；如果她也爱我，在使我幸福这一点上，我们也有着共同的利益。这种共同利益就能减少婚后夫妻之间的冲突，从而降低婚姻内的"交易"成本。

第三，尽管一些爱情的目标是婚姻，即男女之间的长期契约，但在现实中，我们也可以看到一些可能根本无法在一起的男女爱得死去活来。那么，他们这么做的原因又是什么呢？

可能的原因之一是了解异性，为将来的爱情婚姻做准备。毕竟每一个人除了具有自身的特征外，还具有其性别所具有的共性。通过与异性的交往，了解异性的行为和心理，可以提高将来爱情和婚姻的成功率。一些年轻人不是把恋爱称为"练爱"吗？

可能原因之二是建立短期契约，满足短期内男女在感情和性等方面的需求。两性生理条件的差别决定了两性之间的互利性。尽管处于爱情中的男女可能无法建立起长期的契约关系，但在短期内，男性可以以随叫随到的体贴、陪女性上街等方法换取女性的温柔和关心，对两性而言均能带来回报。

尽管付出不一定有回报，但没有付出一定没有回报。下面我们分析为爱情所必须付出的成本。

第一项成本是物质成本，如恋爱所需要的交通费、礼品费、手机费、餐饮费等。爱情是需要以物质作为支撑的。在大学里，没有一定的经济条件是不敢追女孩子的，在社会上更是如此。如果你非常喜欢你的女朋友，你不能只将爱意埋在心头，也不能只是在见面后说甜言蜜语。这样一次两次还可以，时间长了对方就不相信了。所以你还需要不失时机地用物质形式向她献殷勤。例如，你可以给她买玫瑰花，以换取她的芳心；你可以请她喝蓝山咖啡，给爱情制造浪漫；你可以送她房子和车，给她以品位；你可以送她"永以为好"的定情之物——以前是"木瓜"，现在是多少克拉的钻戒，给她以尊贵荣耀之感……

因此，在其他条件不变的前提下，那些拥有更多物质财富的人，也就可能拥有更多的爱情故事，比如出身"白玉为堂金作马"世家的贾宝玉与林黛玉以及出身世袭贵族的罗密欧与朱丽叶。毕竟只有他（她）们才可以不愁吃穿，有足够的资本去整天爱呀恨呀。换做一般的穷人，如此恋爱，早就饿死了。

第二项成本为精神成本，包括在恋爱中绞尽脑汁讨对方欢心、在"你快乐所以我快乐"过程中情感的付出和在可能失恋时寻死觅活的痛苦等。无论《关雎》中的"求之不得，寤寐思服。悠哉悠哉，辗转反侧"，还是《子衿》中的"一日不见，如三月兮"，都说明在爱情过程中，男女双方都需要付出很高的精神成本。

拥有更多精神财富的人，其恋爱的精神成本也较低，因为爱情需要甜言蜜语去浇灌。文人骚客运用自身优势，动之以情，一首《长相思》，就能把美女感动得泪流满面，也较有可能出现更多不一般的爱情故事。世间能有几多女子面对司马相如的《长门赋》和徐志摩的情诗而无动于衷？

第三项成本为机会成本。恋爱的机会成本其实有两部分：一是在一定的时空条件下，由于社会道德与法律的约束，选择某一异性便丧失了选择其他异性的权利与可能；二是保持单身的收益。

第四项成本为时间成本。爱情是一种时间相对密集的活动。随着时间价值的提高，追求爱情的成本也随之提高。在其他条件不变的情况下，时间成本的增加将导致爱情行为的减少。因此，生活在悠闲的乡村的人要比生活在繁忙的都市里的人有更多爱情行为。这也造成了在城市众多"钻石级"单身贵族没有婚配这种现象，而在农村就不太可能有"钻石级"单身男女存在。"闲得无聊、闷得发慌"

的大学生，其爱情行为最为丰富。他们在有工作以后，爱情的时间成本陡然增加。人们为了金钱生计、事业理想，可能很少有时间精力在爱情方面做过多的投入。为了提高恋爱的效率，人们也不得不改变谈恋爱的方式，爱情也多是快餐和速配式的。一个工作繁忙的白领，即使有罗密欧那样的闲情逸致，也没有那么充裕的时间，跑到朱丽叶窗下，没完没了地演奏小夜曲，叽叽歪歪地诉说甜言蜜语。

尽管爱情需要支出那么多的成本，但爱情给男女带来的愉悦是如此强烈，以至于一代代青年男女为享受爱情放弃诸多选择，甚至自己的生命。

恋爱中女性的喜怒

处于恋爱中的男性会发现,在追求之前温文尔雅的女神在恋爱时常常会变成喜怒无常的"暴君",因为不合其心意的一点小事就会闹腾很久,甚至会"胡闹"到不可理喻的地步:无论自己做什么都是错的,让自己无所适从。难道是自己恋爱前看错人了?恋爱中这个女性就如此难缠,婚后怎么办?这样的"暴君"还值得自己继续追求和珍惜吗?

对了,趁现在淑女心情不错,问问她为什么会如此"胡闹"!她的回答则出人意料:"我自己也不知道为什么发火。只是看见你就莫名生气,就想发火。"这是答案吗?

的确是答案,而且还是正确的答案。为什么呢?这要从生物经济学和信息不对称谈起。

生物经济学认为两性行为模式的差别是各自约束条件下长期演化的结果。因此,恋爱中的女性对男朋友莫名发火也是进化的结果,是潜意识的行为,目的是寻找愿意抚养自己和小孩的男性。

具体而言，两性在基因延续方面的约束条件存在的差异可以归纳为以下两点。

第一，人类大脑从比例上讲远大于其他灵长类动物，使得人类发育时间延长。在进化的作用下，人类通过延长怀孕期和抚养期以适应这种挑战。为延长怀孕期（怀胎十月），女性的体态做了专门的调整，如肥臀丰乳，以减少因婴儿过大造成的女性生产困难（这可以解释为什么人类往往以丰乳肥臀为美）。此外，尽管人类的怀孕期要远长于其他灵长类动物，但生下来的孩子仍缺乏独立的生活能力。因此，在生产后，女性仍要花费大量的时间照顾小孩。

十月怀胎和丰乳肥臀均会减少女性的力量和奔跑速度，降低其在恶劣的条件下生存下来的概率，抚养期的延长进一步加大女性和小孩的生存风险。因此，在生存条件恶劣的前现代社会，单靠女性无法生养小孩，甚至独立生存也非常困难。"人类在下一代身上投入的时间之长，关照的领域之广，是任何其他物种都不能比拟的。而且，把孩子抚养成人所付出的辛苦足以超过妇女本身所能承受的极限。"（马尔科姆·波茨和罗杰·肖特：《自亚当和夏娃以来——人类性行为的进化》）因此，对于女性而言，需要找到愿意并且有能力抚养她还能和她一起抚养小孩的男性。但从信息的角度看，"有能力"的信息比较容易得到（这可以解释为什么女性在择偶时偏向有钱的男性，因为钱是抚养能力的象征），但"愿意"的信息很难获得。而下面要论述的两性的第二个差异则加大了筛选的困难。

第二，就生育能力而言，女性是有限的，而男性是无限的。一个私生活随便的男性可以在一年内让许多的女性怀孕，孕育大量后代；而一个女性无论私生活多么随便，一年之内她只能生育一胎。男性在生育上的最佳策略是以量取胜，即具有"滥交"以将自己的基因遗传下去的倾向；而女性在生育上的最佳策略是以质取胜，即保持谨慎、保守和挑剔，只有在确认男性"有能力"和"愿意"后才愿意和男性一起延续基因。从某种意义上讲，人类组建家庭的过程就是男性为保证自己基因的延续配合女性放弃数量追求质量的过程。但问题是婚姻和家庭并不必然保证男性会为了妻子和孩子的生活而拼命工作，女性需要找到能克制"只生不养"的天生"流浪癖"的男性并与其组建家庭。因此，相对于男性，女性在结婚问题上会比较谨慎，考虑得更多更远。这可以解释为什么往往是男性向女性求婚而不是相反。

由此可见，对于女性而言，因其生育成本较高，往往是"为爱而性"，即只有确认男性是爱自己的情况下，才愿意和男性一起延续基因。这是因为只有爱自己的男性才愿意和自己一起养育小孩，即对女性爱得越深的男性，越会克制男性天生的"流浪癖"，去保护女性和小孩，而小孩也越容易在恶劣的条件中生存下去。

相反的，因男性生育成本较低，他们往往是"为性而爱"，即其往往为了性（基因延续）而不断地向女性表达"爱意"。但因男性"只生不养"的本能，这种甜言蜜语式的表白是廉价的，不可信的。因此，对于恋爱中的女性而言，需要确定在其嘴巴周围抹蜜、天天说"我爱你"的男性仅仅是为性而爱的花花公子,还是真正爱她、愿意和其一起养育儿女的大丈夫。

从信息的角度看,女性对于男性是否真的爱自己,所了解的信息是不完全的。那么,女性如何才能有效地筛选出真正爱自己的男性呢?答案是增加男性爱自己的成本,因为只有真正爱自己的男性才愿意付出这些额外的成本。这可以甄别男性是真正爱自己还是口头爱自己。恋爱中女性莫名发火就是考察男性是否真正爱自己的一种低成本方法,因为只有真正爱自己的男性才愿意接受自己的莫名之火。

只有能有效甄别男性是真正爱自己还是口头爱自己的女性才能在竞争中生存下来,无法有效甄别的女性在长时间的演化中被逐渐淘汰。因此,在恋爱中的女性容易对男朋友莫名发火这种筛选机制已经内化为女性的本能。这就是女性不知道自己为什么看到男朋友就烦、就想发火的原因所在。

因为婚后莫名发火会影响婚姻的稳定,进而对男性抚养女性及其小孩带来不利影响,进化的结果是在婚后,女性的莫名之火就会减少。因此,真正爱这位女神的男性大可对婚后的生活放心。

在本文写作的过程中,一些朋友提出的意见是这种现象不能只用进化论去解释。实际上,这种现象只需要用进化论去解释。原因一:恋爱中的女性莫名发火是无意识的。连女性自己都不知道原因,这不是因进化而产生的本能还能是什么?原因二:恋爱中的男性不会莫名发火也是进化的结果。

稀缺、选择与爱情

爱情，是人类恒久的一个主题。美丽的爱情故事总会引起人们无尽的遐思与梦想，美好甜蜜的爱情让人迷醉向往。从美丽的邂逅到月下的低语，依依不舍；从无尽的相思到甜蜜的重逢，每一个过程无不让人回味，让人痴迷。每个人都希望得到理想的爱情，每个人一生中也都会拥有自己的爱情故事。

可惜的是，"上帝目光所及，皆可交易"。"庸俗"的经济学将纯美的爱情与锱铢必较、讨价还价的市侩行为相类比，将折磨人到死去活来的爱情纳入理性的分析框架，基于理性的成本和收益分析为什么"鲜花会插在牛粪上"，为什么有人一见钟情而有人却日久生情……

当然，不少人会认为：怎么能用功利的态度来看待爱情，以及由爱情导致的最亲密的人类关系呢？施蒂格勒在《乔治·施蒂格勒回忆录》中的回答表明了经济学对这个问题的看法："如果不经过理性的思考，又怎么能形成如此深入而持久的关系呢？不正是这种事先慎重的考虑才使婚姻变得如此神圣吗？如果没有对长久后果的考虑，人们能指望这种关系维持下去吗？"

经济学的基本假设是理性，但爱情在一定程度上却起源于非理性，即使最极端的"经济学帝国主义者"也不敢保证经济学能说明"为什么就在一刹那，某位女士就这样喜欢上了某位男士"。但这并不意味着经济学在爱情问题上没有发言权，即使经济学家不能说明贾宝玉为什么会更喜欢林黛玉而不是薛宝钗，但经济学家知道"焦大不会爱上林妹妹"。感性的冲动也包含理性的衡量。

即使爱情开始是一种不需要理由的盲目冲动，但在后来的发展过程中，谁都知道不动脑筋是无法赢得姑娘的芳心或小伙的青睐的。有付出不一定有回报，但没有付出肯定是没有回报的。因此，爱情固然有经济学无法解释的感性成分，但同样也包含着更多的理性成分。

经济学是研究稀缺资源的最优配置问题。因此，如果爱情能够与稀缺和选择相联系，爱情就是经济学研究的对象。

有一首歌这样唱道："十个男人七个傻，八个呆，九个坏，还有一个人人爱。"在女性的眼中，好男人只占全部男人的十分之一。很明显，好男人是一种稀缺物品，即经济物品。你喜欢好男人，其他女性也喜欢那些"上得厅堂，下得厨房"的好男人。为了实现"好好爱，不要让他离开"的目标，就需要增加投入，如去割一个韩式双眼皮，去学做他的家乡菜，讨好他的亲戚，等等。这些投入需要花费时间、金钱甚至忍受身体上的痛苦,同时,还要放弃一直在追求你的那位"呆"男人。同样的分析也适合男性追求女性。因此,作为人生的一项重大选择,面对稀缺的好男(女)人,我们会面临"爱谁""如何去爱"等种种选择。

婚恋经济学还需要剖解那些所谓"人人爱"的成功人士。首先,好男人也有多重标准。像刘德华那么帅、李泽楷那么有钱、唐伯虎那么有才的白马王子在现实生活中并不存在。你为了得到西安交大男生周星驰般浪漫的后现代主义的爱,就不得不放弃复旦男生小资情调的爱。其次,女孩子必须知道,"金无足赤,人无完人"。所谓的好男人也是由多棱角、多侧面构成的,在风光无限的背后也许存在着你无法想象的阴暗面。比尔·盖茨够好了吧?但比尔·盖茨具有很多男性的通病,就是不讲个人卫生。贝克汉姆是女性的另外一个偶像。他风度翩翩,时尚前卫,身体强壮,拥有的金钱尽管和比尔·盖茨的差距不小,但过一辈子衣食无忧的快乐日子应该绰绰有余,但有幸得到他的"辣妹"维多利亚不得不忍受他的花心和新闻媒体中关于他无休止的花边新闻,当然还有专横。(欧北望:《爱情经济学》)爱一个人就是爱一个人的全部。选择了学者的博学,也就选择了清贫;选择了商人的精明,也就选择了别离。"为有云屏无限娇,凤城寒尽怕春宵。无端嫁得金龟婿,辜负香衾事早朝。"李商隐的《为有》描写的就是金龟婿的多面性。

人的效用由多方面所构成。金钱、事业与爱情等都是效用函数中重要的自变量，而这些自变量之间也交织在一起，相互影响。

首先分析事业与爱情的关系。少年情窦初开之日，正是父母管教最严之时，原因就在于此时恋爱的机会成本非常高。放弃学业而取爱情，将会影响儿女一生的事业前途，所以理性的父母会干预儿女的恋爱行为。上大学后，家长对恋爱的干预就少了，因为他们知道，在进入大学阶段之后，爱情对未来事业的影响减弱，爱情成本已经降低，即使恋爱不成功，累积点经验也好。因此，我们可以观察到大学生是恋爱生活最丰富的一族：花前月下，一对对情人山盟海誓。但大学毕业却与劳燕分飞紧紧地联系在一起："毕业那天让我们一起失恋"。当男女大学生面临事业与爱情冲突的时候，又有几个会选择爱情呢？

将爱情与金钱联系在一起，恐怕是很多有爱情"洁癖"的人无法容忍的。在新闻媒体报道中一些"钓金龟婿"的女大学生，在网上常被骂个狗血喷头。其实这些吃螃蟹者只是说出了广大女同胞不敢说出来的话而已。既然男生可以"学而优则仕"——说得直白点就是"学好文武艺，卖与帝王家"，女性当然也可以通过爹娘给的美貌和后天努力得来的能歌善舞"待价而沽"。既然男性"学而优则仕"被认为是有能力的象征，我们为什么还要把女性的"待价而沽"视为不正常呢？

当然，男同胞也不要笑话女性崇拜金钱。有几个男人愿意放弃少奋斗十年的机会，选择出身穷苦的女孩子呢？恐怕不少人只是条件不够，没有机会而已。

说到这里，恐怕有不少的人会认为我在偷换概念，将爱情和婚姻混为一谈。他们认为金钱可以"购买"婚姻，但"购买"不到爱情。事实是否如此呢？首先，我们将理解的视角换一下。上面的论述说明的就是一个人会因为多少金钱放弃自己的爱情。当然，在这里，爱情包含两种含义：一种是和自己相爱的人相处的甜蜜；第二种就是没有谈恋爱的人对爱情的甜美预期，即经济学意义上的预期爱情收益。"庸俗"经济学衡量爱情有多深的一种有效方法就是用多少金钱可以让你愿意放弃现在的感情或对未来爱情的甜蜜预期。

其次，无论各位有没有意识到，在选择爱人的时候，经济条件即使不是最重要，但也是一个重要的考虑因素。有人给一个单身的女性介绍男朋友时，总是先说这个男性很有才，接着要附带说一下这个男性现在的经济情况。这两者都和金钱联系在一起："有才"意味着具有将来养家糊口的能力；而现在的经济状况除了提供男性有才的证据之外，还为有可能到来的爱情和婚姻生活提供坚实的物质基础。对于落魄才子，有几个女性愿意以身相许？宋代有"榜下择婿"的习俗。为什么要等到男人考上了才有可能被选择？

当然，经济学并没有否认世界上存在为爱情甘愿放弃生命和金钱的人，王宝钏苦守寒窑十八年的故事已传唱千年。但这种在效用函数中将爱情放到无穷大位置上的人，毕竟是少数。

与王宝钏类似，穷途公子落难、小姐花园定亲等是我国戏曲演绎的重要主题。结果往往是落魄才子东山再起,他们幸福地生活在一起。小姐的眼光和决心也得到大家的传唱。但大家不要忘了,富家女和穷小子的结合,更为常见的是落魄公子更为落魄,小姐独自流泪到天明,暗骂所嫁非人。对于这种高风险而未必高收益的事情,有几个富家女愿意一试?落魄公子被天上掉下来的馅饼砸中的概率太小了,富家女的行为也更多出现在剧本而不是现实中。

选择一个出身穷苦家庭的美女就有可能失去一个相貌平常的"富婆",选择一个高傲的情人就必须放弃一点自尊,选择花前月下就有可能失去升职的机会……每一个人的爱情都与选择联系在一起,完美的爱情就像完美的恋人一样不可能找到。没有例外的是,你要享受爱情的甜蜜,就要承担爱情所带来的种种成本,高贵的爱情与"庸俗"的经济学就在选择问题上出现了交集。

"婚恋市场"中的信息

为什么在"婚恋市场"上寻找一个称心如意的伴侣会如此困难？为什么结了婚的男人或女人时常会发出所娶（嫁）非人的感慨，并有不少人义无反顾地选择结束现有婚姻，开始新的痛苦的寻觅过程？

对于此，贝克尔的解释是信息的不完全。在《家庭论》中，他这样写道："信息的不完全可能经常被人们忽视。然而它却正是离婚、在"婚恋市场"上寻觅配偶、孩子对年长父母的捐赠、家庭成员之间的相互信任和其他行为的实质所在。"

在"婚恋市场"中，信息不完全是男女双方均需要面临的一个重要问题。它影响婚姻的达成及随后婚姻和家庭生活的方方面面。本文中我将分析的重点放在"婚恋市场"中的信息问题，破解其对爱情婚姻的影响。

逆向选择与信号显示

逆向选择是指当两个人对一种物品特征的了解不一样多时，了解信息少的人就有买到低质量物品的危险。为预防这种现象的发生，理性的人将按风险、品质差异等因素综合报价。该报价将低于高质量产品的价值，而高于低质量产品的价值。为此，那些高质量产品将会退出市场。此时，了解信息少的那些人会因为购买到低质量产品的概率增加而降低报价。这将进一步促使高质量和次高质量的产品退出市场。这个过程不断地进行，直到没有市场交易发生为止。

爱情和婚姻是男女双向选择的过程。但无论是男性还是女性均了解自己的品质，而对对方的品质不甚了解。让我以女方为例。女方知道自己品质的真实信息，而对男方则了解有限。这样，女方就会想方设法提高自己的价值，将自己最美好的一面表现出来。例如，一个脾气暴躁的女生在恋爱中可能会表现得小鸟依人。男方也不傻，尽管他不能了解女方的真实信息，但知道女方的平均品质，也就只愿意出与之相适应的信息不对称"价格"。这样一来，那些高于平均品质的上等品质的女生就可能会退出"婚恋市场"。而随着上等品质的女生退出"婚恋市场"，男生会继续降低"出价"，次上等品质女生就会退出"婚恋市场"。其发展的极端形式是"婚恋市场"成了劣质女生的展览馆，"婚恋市场"也就成为没有"交易"的市场。

尽管现实并没有那么极端，但社会"成交"量小于实际均衡量是我们可以观察到的。优质"三高剩女"的存在就说明了逆向选择在"婚恋市场"中的作用。对男方的推理过程与此相同。

尽管逆向选择的存在增加了"婚恋市场"的"交易成本"，使得该"市场"成为不完全竞争"市场"，有效地增加了痴男怨女的数量，但从现实看，人类还是比较有效地克服了"婚恋市场"的逆向选择问题。具体的原因有以下几个。

第一，"婚恋市场"中"交易"的双方既是购买方又是出售方。作为购买方，其会面临信息不完全问题，但作为出售方，其又具有信息优势。最终"市场"上成交的双方会发现，尽管对方没有在恋爱中表现得那么好，但自己也没有那么好，双方仍在等价交换的范围内。

第二，在"婚恋市场"上，经过长久的交往，个人的私人信息仍能以各种形式被对方得到。这就有效地降低了信息的不对称程度。台湾中国文化大学的马泰成教授在西安交大授课时，曾经提及男女选择伴侣应该重点考察的关节点，我认为非常有道理。在征得马教授的同意后，下面与大家分享他的看法。

马教授认为，"婚恋市场"中的男性在考察对方是否适合与自己结婚时，应该观察其对小孩的态度。一个非常爱小孩的女性，在婚后，为了自己的小孩有一个良好的发展环境，会做出克服种种困难的努力，如尽力与老人好好相处等。女性在考察男性是否能做自己的良好伴侣时，应该考察男性是否有以下三个方面的问题：酗酒、赌博、暴力倾向。尽管是否有暴力倾向在婚前无法得知，但男性是否有另外两个不良倾向以及女性是否爱小孩在婚前的相处中是可以得到信息的。

第三，在"婚恋市场"上，存在用信号显示机制解决逆向选择问题的现象。所谓信号显示，是指拥有私人信息的一方，通过某种途径将私人信息传递给另外一方，以改变信息不对称给"交易"双方造成的伤害。如在生物界的性选择理论中，有一个"累赘原理"，即动物可以通过向其潜在的配偶展示其在不利的条件下还能生存下来，传递其具有相较于同性竞争对手的基因优势的信息，如雄孔雀的尾巴。

在"婚恋市场"上，同样存在很多的信号以显示一个人的特征，如彩礼、学历、职业、家风、宗教等。这会显示男性在财富、能力、品质等方面与女性福利息息相关的各种特征。如高学历文凭的持有人，在质量上就多了一重保证。毕竟，高学历背后是一道道考试的关卡。能顺利通过这些关卡的人，无论在智力还是毅力方面，都应该在平均值以上。而这些特征对排解以后生活中的压力，大有裨益。

尽管存在了解对方或让对方了解自己的机制，逆向选择的问题仍然存在。如作为信号的彩礼钱很有可能是借的，学历和职业可能是假的——即使不是假的，也存在用学历和职业去欺骗无知少女的可能性。在我们周围这样的事情并不鲜见。而伪造歹徒抢劫，然后挺身而出，以获取姑娘的芳心这样的事，在现实中也频频出现。因此，对"婚恋市场"中的"交易"方而言，在面对林林总总的信息时，也面临一个信息筛选的问题，而筛选信息又要付出成本。因此，真正的"市场均衡"是各种因素都起作用的结果。

道德风险

道德风险是指在信息不对称条件下，不确定或不完全合同使得负有责任的经济行为主体不承担其行动的全部后果，在最大化自身效用的同时，做出不利于他人行动的现象。它体现在保险行业，就是一个人或厂商在购买了保险之后，行为会发生变化，以致增大了保险公司承担的盗窃、火灾和其他损失发生的概率。

实际上，道德风险的例子最多出现在保险公司里。那些保险公司的业务代表发现，他们的客户跟保险公司签下合同之后，对于自己投保的物品，无论是一辆汽车还是一栋房子，防止意外发生的警惕性就会降低。

在"婚恋市场"中，同样存在着道德风险。当爱情相对稳定，尤其是婚姻关系已经成立后，我们往往将对方视为保险公司而懈怠。如在婚前，我们将对方的生日记得比自己的生日还要清楚，而在婚后，经常忘记两人的重要日子，如对方的生日、相识纪念日和结婚纪念日等；女人婚前的淑女风度让位于婚后的斤斤计较和婆婆妈妈，男人婚前的绅士风度演变为婚后的独断和专制。将对方视为保险公司而忽视继续经营爱情和婚姻的后果是可能让对方觉得你今天的面孔是如此陌生,以致已经不是原来自己选择的那个你。分手也就成为对方的可能选择。

婚姻契约和保险合同一样能规避部分道德风险,但也同样无法完全规避。"男女常因不了解而结婚,因了解而离婚。"在"婚恋市场"上,总是充满着这种悖论。

值得注意的是,逆向选择可以在事前通过长时间的相处得到部分解决,而道德风险却无法在婚前得到解决。

正因为"婚恋市场"上充满着信息不完全和不确定性,而婚姻合约的解除又需要付出很多成本,所以,试婚、同居成为减少不确定性和信息不完全的重要方法。避孕措施的进步则减少了同居和试婚的成本。

如果信息是完全的,人类可能不需要婚姻制度;如果信息是完全的,男女之间可能也不会存在爱情。对异性的神秘感以及探索对方过程中的成就感是爱情比较持久的动力。但信息不对称也给两性在"婚恋市场"上的运行带来很高的"交易成本",而这种成本阻碍了"婚恋交易"的达成。真是成也信息,败也信息。

从经济学角度看网恋

网络改变世界，也改变着人们的婚恋方式。不知不觉中，网络已经成为现代年轻人认识异性的重要媒介。从痞子蔡的《第一次亲密接触》开始，网恋小说也成为爱情小说的重要题材，被广大的网迷，尤其是"宅男"所推崇。对于网恋，赞扬者有之，反对者更有之。如何看待网恋？经济学对于网恋又有什么话要说呢？

要分析网恋，需要从"婚恋市场"的特点说起。具体而言，"婚恋市场"具有以下两个重要的特点。

第一，与一般的市场不同，"婚恋市场"是一个以物易物的市场。未来的新娘同时兼具"商品"、购买丈夫的货币及丈夫的购买者三种身份，而未来的新郎同样兼具这三种身份。

第二，"婚恋市场"中仍然存在大量的选择和竞争，几乎所有的适婚男性都是潜在的丈夫，所有的适婚女性都是潜在的妻子。尽管有些男性之间和女性之间具有替代性，但每个人都有其本身的特点，这种替代并不完全。因此"婚恋市场"符合经济学中垄断竞争市场的特征。

垄断竞争市场决定了每一个男性或女性都是独特的,他(她)会判断是否需要投入额外的资源去了解可供选择的对象。以物易物决定了男女投入的额外资源只能是自己的时间、感情乃至性(如婚前同居)等。因此,"婚恋市场"是一个高交易成本的"市场",在该"市场"中充斥着"剩男""剩女"等无法达成交易者。为降低交易成本,人类设计出了一系列制度来降低"婚恋市场"中的交易成本,如引入"婚恋市场"中的"拍卖者"——媒婆等。

在现代社会自由恋爱的背景下,虽然适婚男女认识和交往的方式种类繁多——除了传统的经人介绍和长时间共同学习及工作自然而然走到一起外,还出现了广告征婚、婚介热线、电视征婚等多种形式,但从整体上看,"婚恋市场"仍处于高交易成本的状态——大龄未婚男女的大范围出现就说明了这一点。网络的出现则为"婚恋市场"交易成本的降低提供了一个契机。

传统社会以媒婆为主导的"婚恋市场"不仅以父母的意志代替子女的意志,排斥了婚恋主体的主动性,而且也无法突破婚恋对象在十里八乡的地域限制。自由恋爱尽管以适婚男女自身意志作为婚恋的基础,但个人在其生活圈内能够认识的适婚异性有限。而以网络为媒介的"婚恋市场"则使男女相识突破地域的限制,为更广泛地提供可供选择的适婚异性创造了条件,并极大地降低了信息搜寻费用。

在传统的婚恋形式中，男女交往过程中的相互了解需要付出大量的成本。如何认识自己有感觉的异性？如何让他（她）对自己同样产生感觉？如何了解对方的喜怒哀乐并让对方同样了解自己？在交往过程中，男性太热情往往让女性产生人不沉稳的印象，而不太热情则会让女性产生男性对她没有兴趣的感觉。对度的把握是一种高难度的艺术。有多少互相爱恋的男女因为没有将信号恰当地传递给心仪的对方，不得不遗憾终生！对于在现实生活中无法向异性诉说的一些事情，人们在网络上可能更愿意敞开心扉。通过长时间的网上交流，男女之间可能比现实生活中有更深层次的了解。当双方从网络走向现实之时，男女可以省去不少了解过程，结婚可能是一件水到渠成的事情。

当然，网恋也会增加一些"交易成本"，比如双方的信息不对称导致信息筛选成本增加。在现实的新闻报道中，经常出现少女网恋被骗的例子。这些也是不少人对网恋持负面评价的原因之所在。从现实看，无论是网恋、传统的介绍，还是自然的相识，均面临一个信息的筛选问题，女性在恋爱中受骗也不仅仅出现在网恋之中。新闻媒体对网恋受骗报道较多的原因可能是网恋作为一个新事物，大家的关注度比较高，新闻价值比较明显。当然，在现实中恋爱，男女双方可能有共同的圈子，感情欺骗的成本较高，感情欺骗发生的概率较低，而网络不存在这样的约束条件，感情欺骗现象发生的概率可能较高。为减少这种现象的发生，网恋中的男女事先需要投人的信息筛选成本相较于传统婚恋方式要高。

但我们不能因为网恋可能存在问题就否定网恋的价值。交易成本是各种成本的总和。以网络作为婚恋媒介，从总体上降低了婚恋过程中的"交易成本"。况且即使其并没有降低整个社会婚恋的"交易成本"，仅仅是降低了部分人婚恋的"交易成本"，其价值也值得肯定——它使这些人多了加入"婚恋市场"的机会。

网恋最终也是要走向现实的。通过网络低成本地接触和了解对方，再通过现实中的接触了解对方是否适合和自己一起生活，这为人们认识异性，加入"婚恋市场"提供了一种新的选择。我们没有必要排斥网恋——它只是男女加入"婚恋市场"的一种方式而已。而无论是哪种方式，只要有利于婚恋的达成，都可以尝试。

总之，尽管网恋本身也存在一定的问题，但网络至少降低了部分人婚恋的"交易成本"，让更多的人拥有恋爱的机会，有利于提升社会的福利水平。

"鲜花插在牛粪上"与"老牛吃嫩草"

"鲜花插在牛粪上"

一个被广大男同胞暗恋的对象被一个在大家眼中并不出色的男性娶走,这让不少"才子"心生不平:"简直就是'鲜花插在牛粪上'!"其实从经济学的视角看,才子配佳人式的"门当户对"是爱情中的常见现象,"懒汉娶花枝"和"巧妇常伴拙夫眠"等现象尽管比较少见,但其背后仍有其存在的理性。

下面介绍经济学对这类现象的几种解释。

第一种解释从偏好理论出发,认为"萝卜青菜各有所爱",或者"情人眼里出西施"。对于一男一女配对,别人也许会觉得很合适,但当事人未必觉得合适。美女喜欢什么样的男性,只有美女自己知道。一般人也许会想当然地认为美女会看上一个人的才气和金钱。但有可能情况是,美女身边并不缺乏有才气和金钱的男性,缺乏的是让她觉得靠得住的老实男人,如若她曾经受到过感情伤害,则更是如此。为此，别人眼中的"牛粪级"的人物，由于其老实可靠，在美女眼中有可能成为一件无价之宝。当别人因为"鲜花插在牛粪上"而惋惜不已时，也许"鲜花"正在家中为即将归家的"牛粪"快乐地忙碌着。因此，在别人眼中极不般配的一对男女，也许彼此正爱得死去活来，因为他（她）已经挖掘出对方潜在的、别人所不容易发现的优点。

"男人不坏，女人不爱。"另有一类"牛粪"，是"坏男人"。国外的一些学术研究也表明，"坏男人"相对而言更容易获得女人的芳心，因为"坏男人"中的一些特征，如敢于冒险、崇尚自由、敢爱敢恨等，容易受到女人的爱慕。因此，与主流社会格格不入、被视为"牛粪"的"坏男人"，在"婚恋市场"上则经常成为"采花高手"。曾经风靡一时的网络小说《第一次亲密接触》这样写道："那是因为'坏男人'通常很浪漫……而'好男人'通常不解风情……所以她宁可选择'坏'而浪漫的男人……也不愿选择'好'而不浪漫的男人……这叫两害相权取其轻。"

第二种解释则是基于搜寻理论。人们在交换商品前，都有一个发现商品的过程。一般来讲，搜寻的时间越长，发现适合自己的商品的可能性就越大。但搜寻也要付出成本，同样也受边际收益递减规律的制约。当搜寻主体（这里指的是"鲜花"）的搜寻成本大到不允许她花很多时间去搜寻异性并对异性做深入了解之时，就会发生"盲目交换"行为。"鲜花插在牛粪上"情况的发生也许正是出于这个原因。

第三种解释是"劣币驱逐良币"。相貌普通的男性,因为选择的机会较少,常常一心一意地努力追求"鲜花",以时间体现诚意。"鲜花"被感动的那一刻,就是他抱得美人归的时候。而那些优质男性因为选择的机会较多,在追求女性时,通常会怀有这样的心理:"天涯何处无芳草?""子不我思,岂无他人?""干吗非要在一棵树上吊死不可?如果她不爱我,不是我不够好,而是她眼光有问题!"这就容易给女性造成"他不够爱我"的印象,"鲜花"就这样插到了"牛粪"上。

这些对"鲜花插在牛粪上"的解释有一定的说服力,但仍旧要具体问题具体分析。我们可以通过已经"枯萎"的或"绽放得更为灿烂"的"鲜花"了解确切的原因。

"老牛吃嫩草"

"老牛吃嫩草"的意思是指男性喜欢找比自己年龄小的女性谈恋爱和结婚。

从现实看,绝大多数婚姻都是男方年龄大于女方,很少有倒过来的。这种现象的产生当然与男女生理上的差异有关系。但生理因素究竟有多重要呢?联合国的人口统计资料显示,初婚的平均年龄,虽然各国都是男比女大,但年龄差距却大不相同:相差最小的是爱尔兰,只有1岁左右;相差最大的是马里,高达11岁;西欧国家平均相差 2—5 岁; 东欧和南欧国家相差 3—5 岁; 北美国家相差 2 岁; 南美国家相差 2—3 岁; 日本相差 3—7 岁; 印度相差近 5 岁; 中东国家相差约 4 岁; 非洲国家一般相差 5—10 岁。中国的统计资料则显示,从 20 世纪 80 年代开始,男女初婚的平均年龄差在逐渐扩大,已经从 2—7 岁扩大到 4—8 岁,而且这个年龄差还在进一步扩大。(赵晓:《问世间情为何物》)显而易见,如此巨大的差距,单用生理因素去解释是说不通的。伊沛霞在《内闱:宋代的婚姻和妇女生活》中的数据也表明,在宋代的婚姻中,男大女小也是常态。

不少人用文化习俗解释男女恋爱和结婚年龄差异。但是,经济学却独辟蹊径,对这个问题给予符合逻辑的解释。而其中的关键假设在于,男性在品质上存在较大的方差。

在一个男主外、女主内的社会里,男性的品质主要表现为取得社会地位、事业成就或商业财富的潜力上。1990 年,进化心理学之父大卫·巴斯和 48 位来自世界各地的研究者合作,共同完成了一项跨文化择偶偏好研究项目。该研究调查了来自 33 个国家的 9474 人的择偶偏好,结果发现,女性在择偶时青睐经济前景好、赚钱能力强、有抱负和勤奋的男性。(科学松鼠会:《冷浪漫》)因此,男性的个人品质更多集中于现在或未来的赚钱能力上。

问题的关键在于对于男性的个人品质,尤其是未来的赚钱能力,也许他自己知道,但怎样让别人也相信自己具有这样的潜质呢?最常用的办法,就是证明给别人看。于是,"自认为前途远大的男性将会选择晚婚，以便提高自己的收入，获得婚姻市场上的竞争优势；对前途不抱太大希望的男性会早婚；女性则都会早婚。……高质量女性与年长的成功男性结婚，低质量女性与年轻的、不太成功的男性结婚"。（齐良书：《婚姻经济学研究进展》）与此同时，男性的品质也有赖于其人力资本的投入。男性对人力资本的投入大，受教育的时间长，会对婚恋产生挤压。如在中国古代，男性时常为科举功名而推迟娶妻时间。"宋、清两代的士大夫家庭婚龄差大约是五六岁，比普通人大，这是由于这些晚婚者科举成功享有较高的社会地位，择偶范围较大，可以选择年轻女性为妻。"（常建华：《婚姻内外的古代女性》）

因此，华中科技大学的张德鹏老师认为，在大学里，男生能不谈恋爱就不谈恋爱，因为大学时光是人力资本投资的好时间，大学毕业后自己的品质可以得到更好的体现，会有更多的选择机会。这和我们的分析基本吻合。

女性的品质，大多表现在年龄、外貌和治家能力上。大卫·巴斯等人的研究同样发现，年轻、貌美、身材具有吸引力的女性是男性理想的结婚对象。（科学松鼠会：《冷浪漫》）很明显，"女性的性吸引力与女性的生殖力相关联。大多数男子都感到外观健康的育龄妇女要比更年幼或更年老的或外观不健康的妇女更有性吸引力"。（波斯纳：《性与理性》）电视剧《婚姻保卫战》就对两性择偶的区别做了生动的描述："十几岁的时候，女人喜欢的是帅气的大哥哥,男人喜欢的是校花;等到二十多岁的时候,女人喜欢的是成熟、浪漫、有事业心的男人,男人喜欢的是二十多岁、漂亮、有身材的女人;等到三十多岁的时候,女人喜欢的是跟自己心灵契合的男人,男人喜欢的是二十多岁、漂亮、有身材的女人;等到四五十岁的时候,女人喜欢的是能跟自己相伴一生的男人,男人喜欢的还是二十多岁、漂亮、有身材的女人;等到七老八十了,女人希望男人能死在自己后面,男人已经老眼昏花什么都看不清了,喜欢的依旧是二十多岁、漂亮、有身材的女人。"因此,女性的品质无法用等待来证明。相反,年轻貌美在"婚恋市场"上意味着高品质,但这种品质却会随着等待而流逝。大学里流传着这样的段子:"女大专生是赵敏,女本科生是黄蓉,女硕士生是李莫愁,女博士生是灭绝师太,女博士后是东方不败。"也正是基于此,张德鹏老师对大学女生的建议则是能谈就谈。

等待,有利于男性而不利于女性。

"受性欲驱使的男子永远只考虑妇女的生育潜能,而谨小慎微的女子则试图探明对方的财力和地位。"(马尔科姆·波茨和罗杰·肖特:《自亚当和夏娃以来——人类性行为的进化》)基于这样的理由,最佳的婚配也就是已经显露出品质的男性配以处于品质顶峰阶段年轻貌美的女性。"郎财女貌"、男大女小,是男女双方"黄金指数"的一个标准,符合经济学里的交换原则。

因此,了解一个男人财富如何,最好的方法就是看他妻子的迷人程度；而衡量一个女人的迷人程度，最好的方法就是看他老公的财力如何。

潘绥铭等人在1999年针对中国人性行为和性关系的大型调查表明：中国最富有的男人，娶到的妻子不但漂亮，而且比自己小12—14岁；中等收入的男人则可娶到比自己小3—7岁的妻子；低收入的男人却只能娶到自己的同龄人，甚至比自己大许多的女性。（潘绥铭等：《当代中国人的性行为与性关系》）

我们从中可以得出的结论是，一般说来，成功的男人结婚晚，即"好男人"要等到有钱时才找老婆。根据美国人口普查局1980年的报告，在45—54岁的男性人口中，结婚年龄低于20岁的，有35%的人年收入低于1万美元；结婚年龄为21—29岁的，只有17.5%的人年收入低于1万美元。18岁以下结婚的，年收入中值为1.4万美元；19—20岁结婚的，年收入中值为1.7万美元；21—29岁结婚的，年收入中值为1.9万美元。收入越高，结婚越晚。（赵晓：《问世间情为何物》）

由此我们可以推论出：（1）在男性品质差异大的地区，如中东和非洲，男女结婚的年龄差也就大；（2）在经济发展程度高、社会保障发达、男性品质差异对家庭收入的影响小的地区，男女结婚的年龄差也就小；（3）在中国，男女结婚年龄差出现反弹，这和中国社会在改革开放后出现向"男主外、女主内"家庭模式反弹有关。

一见钟情和日久生情

男女坠入情网的方式主要有一见钟情和日久生情两种。一个人以哪种方式恋爱在很大程度上受制于个人对爱情的偏好。有人生性浪漫，追求一见钟情的感觉；有人生性稳重，主张日久见人心。这是否意味着经济学的方法对一见钟情和日久生情这两种恋爱方式的分析无能为力呢？

经济学可以不知道每一个人的爱情观，但经济学知道当外在的约束发生变化时，与爱情观相联系的个人选择会发生变化，这两种恋爱方式出现的概率也会发生变化。而对于爱情而言，最重要的外在约束是什么？

第一，"交易成本"约束。恋爱的过程就是不断地了解对方品质特征的过程。男女之间存在着信息不对称，每一个人对自己的了解要远胜于对方对自己的了解。关于对方的信息越缺乏，婚后生活的不确定性就越大，婚姻生活不美满的可能性也就越大，预期未来婚姻的收益就越低。恋爱是减少彼此信息不对称的重要方法。但恋爱也要付出一定的成本,如时间、精力和感情。因此,恋爱是采取一见钟情的方式还是日久生情的方式取决于不确定性减少的收益和恋爱成本增加之间的权衡。"一见钟情的婚姻和悠然的爱情长跑之间的差别,在于前者中双方的约会成本高而组成家庭时的运作成本低,而后者刚好相反。"(干学平等:《现代经济学入门》)

由此可见,在其他条件不变的情况下,男女恋爱成本越高,越有可能选择一见钟情;"家庭内交易成本"越低,越有可能在爱情中采取一见钟情的方式。

第二,时间和财富约束。请大家想一想:大学生和白领之间谁的感情生活更丰富?我想大多数人的回答应该是大学生。与白领相比,大学生的恋爱成本较低,他们更容易采取悠然的爱情长跑方式;而与大学生相比,白领的恋爱成本较高,他们更容易采取一见钟情的恋爱方式。

我们可以从两者的时间约束推导出这个结论。由于白领恋爱的时间成本较高,"没有时间谈恋爱"也成为其口头禅。为提高效率,他们谈恋爱的方式也较简单,速配等形式也经常出现。在白领的恋爱中,男士经常采取用金钱"购买"时间的方法,比如送999朵玫瑰、高档化妆品和钻戒等,以实现让女性动心甚至接受自己的求爱的目的。

而穷大学生则常反其道而行之,即通过以时间换金钱的方式来赢取这场爱情竞赛的胜利。从恋爱的时间成本看,依靠父母接济生活、悠闲自在、时常因无聊而犯愁的学生显然是恋爱的时间成本最低的一族,也是爱情生活最丰富的一族。在大学里,男生可以每天在女生的楼下饱含深情地等着那个她出现,在她伤心的时候安慰她,在她生病的时候伺候她,以换取她的好感,加上偶尔的鲜花攻势和能力展现,如果有可能的话,再来一个英雄救美,抱得美人归是非常有可能的。即使被女生拒绝,他也常会做进一步的努力,如在女生宿舍楼前唱自编的情歌,期望她能回心转意。这就属于日久见人心的范畴了。

这时,不少人会问:为什么女性会迎合男性白领的时间约束,接受一见钟情的方式,而对穷大学生则要长久考验呢?原因同样很简单:送礼本身会传递一定的信息,如家庭背景、收入、感情的深度、为人处世的能力等,起到了经济学上常讲的"信号显示"作用。而穷大学生没有办法通过礼物去显示这些能力,只能通过时间的付出来显示自己的能力以及对女生的爱,让心仪的女生相信选择自己就是选择未来。

第三,机会约束。中国人民大学的聂辉华老师提出了一个非常好玩的命题:为什么古代男女之间常有"一见钟情",而现代男女却经常感叹"缺乏真情"呢?"一见钟情"远较"日久生情"浪漫。因此,在古代文学作品中,描述男女"一见钟情"多于"日久生情",从而给人带来古代男女之间经常发生"一见钟情"的错觉。聂老师从机会约束的角度分析古人和当代人在爱情机会上的差异,结论出人意料又合乎情理：在古代社会，男女之间交往机会很少。一个女性在出嫁之前一般是大门不迈、小门不出，对于未来的生活伴侣，有的是想象空间，却很少有机会自己去接触和选择。当她面临的选择非常少时，哪怕有一丝的机会，她也要拼命地抓住。现代女性则可以在婚前大量接触未婚男性，面临的选择机会非常多。这就造成现代女性一见钟情的成本要高于古代女性。因此古人比较容易一见钟情，而现代人则强调日久见人心。这可以用选择机会的差异来解释。同样的道理，我们可以推论出理工类大学的男生一见钟情的概率会高于综合类或外语类大学的男生，女生则正好相反。

第四，性别差异约束。男性和女性在相同的条件下谁更会一见钟情呢？对于这个问题，就本人有限的阅读而言，并没有发现相关讨论。在我和周围的人讨论后，普遍认为男性较女性更容易一见钟情。这一点其实可以从男女生理差别上去考察。爱情的最终目的是基因的延续，而相较于女性，男性延续基因需要付出的生理代价很小。这就造成女性对男性比较挑剔，而男性比较容易滥交。这表现在爱情中，就是在条件相似的情况下，男性对异性不了解的可能损失要小于女性，即一见钟情的成本要低于女性，男性发生一见钟情的概率也就大于女性。而这种成本差异通过进化的长期作用，就会表现在男性和女性对"一见钟情"偏好的差异之中。

爱情的最终目的是自身基因的延续。这一点在一见钟情和日久生情发生时间的差别上同样有所体现。如生物学家发现，与男性缺乏生理周期不同，女性在排卵期及其随后两天对男性的第二性征比较敏感，在月经到来的前三天对男性的第二性征最不敏感。因此，我们可以推理出女性的一见钟情与其所处的生理周期密切相关。(科学松鼠会：《冷浪漫》)这也就意味着女性在排卵期较容易发生一见钟情，在其他时间则要求日久生情。

因此，一见钟情和日久生情是在偏好既定条件下，男女在面临不同约束时理性选择的结果。这两种感情的产生方式并无优劣之分，否则其中处于劣势的方式可能早已经被进化所淘汰。美国的学者发现，结婚两年后，日久生情的夫妻与一见钟情的夫妻生活得一样幸福。(大卫·诺克斯和卡洛琳·沙赫特：《情爱关系中的选择——婚姻家庭社会学入门》)

"剩下"和"被剩下"
——"剩女"之经济学分析

"剩女"这个新名词是教育部于2007年公布的,它已经成为"婚恋市场"上的热门词汇。"剩男"的存在好理解:毕竟现在中国的男女性别比已经达到了惊人的123∶100——这就意味着有大量的男性无法在"婚恋市场"上找到合适的女性。与此相对应的应该是女性"供不应求"。"未婚女抬高房价"的说法不是说明女性因稀缺可以要求比较高的"价格"吗?为什么"剩女"还会在"狼多肉少"的"婚恋市场"上出现呢?本文将分析"剩女"出现的原因。

原因之一:"婚恋市场"存在"男高女低"的"婚姻梯度"。男性往下看,女性往上看,即大多女性不愿找一个在收入、地位、学历和年龄等方面比自己低的男性结婚。其背后的经济学原因是这样的:"男高女低"的品质差异有利于家庭内的专业化分工和家庭收入的最大化。这种现象古今中外均广泛存在。据黄宗羲之《宋元学案·卷一·安定学案》记载,(胡瑗)有遗训,嫁女必须胜吾家者,娶妇必须不若吾家者。或问故,曰:"嫁女胜吾家,胜吾家则女之事人必钦必戒。娶妇不若吾家,不若吾家则妇之事舅姑必执妇道。"

具体而言,优质女性向上寻找更优质男性,但符合其经济条件和年龄结构的优质男性有限,即其择偶面狭窄。对于向下选择的优质男性而言,他所选择的范围不仅仅是这些受过良好教育的优质女性,还包括年轻漂亮的没受过良好教育的女性。这就造成众多的优质女性共同竞争少量优质男性的局面。"狼多肉少",女性被"剩下"也就成为常态。

因此"婚恋市场"上"男高女低"的偏好结构会给优质女性造成挤压,最终,未进入"婚恋市场"的大多为最优质的女性。在"婚恋市场"上,"三低男性"(低学历、低收入和低地位)和"三高女性"(高学历、高收入和高地位)更容易成为"被剩下"的。因此,一些社会学家认为,从未结过婚的男性往往是"桶底",而从未结过婚的女性往往是"精华"。(安东尼·W.丹尼斯和罗伯特·罗森:《结婚与离婚的法经济学分析》)《文汇报》针对上海市高薪人群开展的一项抽样调查显示,高达57%的高薪女性因为种种原因难以结婚而被迫选择单身,主要包括外企白领、律师、会计、翻译、教师等七类职业。

原因之二:与男性的品质可能在等待中成长不同,女性的品质必然会在等待中消失。女性眼光过高或者长时间接受教育,会造成其品质在等待中消失。这就使其适婚对象的品质也在不断下降。

尽管中国传统的男高女低的婚配习惯和失衡的性别比使女性的

婚配对象的品质一般会高于女性自身的品质，但总是有一些女性对自己估值错误，认为在不久的将来，会有比现阶段更好的婚恋对象出现。这样，她们不断等待，其本身的价值也在不断贬值，结果她们更难找到满意的婚恋对象。此时只剩下两条路：做"剩女"或最后嫁给条件一般的男性。因此随着年龄的增长，女人会不断地降低择偶的标准。中央电视台《半边天》栏目在关于"剩女"的一期讨论中，一位"剩女"讲其从二十几岁开始相亲，阅人无数，但仍没有找到一个可以相依相偎的人。当主持人问她现在对男朋友的要求时，她说："男的，活的，会动的。"

对女性的品质造成伤害的还有接受教育时间的延长对婚龄的挤压。接受教育对女性品质的影响是多方面的：它在提高女性自身素质的同时也提高了女性进入"婚恋市场"的年龄。对男性而言，他们会权衡女性多方面的品质并决定是否与该女性恋爱结婚。在男高女低的"婚恋市场"中，女性所受教育水平对男性婚恋决策的影响未定，但年龄很明显会影响女性的品质。

原因之三："剩女"恋爱结婚成本高。"剩女"大多数有着良好的教育背景和工作能力，她们从事的大多为需要付出大量时间和心血的高强度工作。这导致她们闲暇时间少，工作压力大，没有多余的时间和精力可以用来在"婚恋市场"中搜寻婚恋对象，从而造成教育和事业对婚龄的挤压。与此同时，这些女性也经常因为工作繁忙而接触人少，交友面窄，导致择偶圈子小，可选择对象少。她们常常好不容易找上一个各方面条件都比较好，自己非常满意的男性，但可能该男性要求其放弃自己的事业做家庭主妇，或至少要将精力的大部分放在家庭上，或要求其放弃已经发展很好的事业，去外地重新开始。这对于事业心较重的一些女性而言，是无法同意的事情。

　　原因之四：结婚可能并不符合"剩女"的收益最大化。我在本书《恋爱的成本和收益》一文中论述了一个人结婚与否取决于对结婚成本和收益的衡量：当一个人预期其结婚的成本小于收益时就会结婚，反之，则会继续寻找。在传统社会，女性无法实现经济独立，通过家庭内劳动换取男性养活自己成为多数女性无法选择的命运。但随着社会的发展，女性经济能力上升，开始并不需要过多依赖男性，其对家庭的依赖程度也明显降低。加上家庭能够提供的不少功能，如家政、保险乃至性和小孩，女性可以通过市场"购买"或交换等方式获得，而这些方式所需要付出的"价格"甚至比家庭提供的更低。那些条件较好的"三高"女性因收入更高，能通过市场"购买"的商品也更多。与此同时，组建家庭不得不付出的成本并没有随着"市场"的发展而得到有效降低，甚至随着"市场"的发展，女性获得的高薪职位增加，组建家庭所需要付出的机会成本不减反增。这就使不少女性认为结婚并不符合其收益最大化，自然而然地选择过"剩女"的日子。对于部分"剩女"而言，她们并不是找不到男人过日子，只是因为婚姻需要付出的机会成本很高，以至于该成本高于婚姻的预期收益,主动"剩下"也就成为这类女性的理性选择。

原因之五:现代社会不断增加的离婚率同样对女性,尤其是追求高质量婚姻的"三高"女性的择偶行为造成一定的负面影响,恐婚成为不少"剩女"主动选择"剩下"的重要原因。"当婚姻变得极其易碎,离婚现象极其普遍时,越来越多的女性便选择了完全摆脱婚姻——独身。或许这样才能使她们感觉较安全。私生巨浪在离婚浪潮之后汹涌而至。"(安东尼·W. 丹尼斯和罗伯特·罗森:《结婚与离婚的法经济学分析》)

随着社会的发展,人们对独身女性独身越来越宽容。这进一步减少了女性主动选择"剩下"的社会压力,增加了主动选择"剩下"的"剩女"的数量。

其实女性主动选择"剩下"也不是现阶段才出现的事情。早在19世纪末20世纪初,广东沿海地区就因为女性经济自立能力增强而出现过"自梳女"。

原因之六:"剩女"的出现不仅和女性经济地位的提高有着密切的联系,也和婚前搜索收益的增加联系在一起。具体说来有以下几个方面。第一,"由于男性收入分配差距扩大,女性婚前搜寻行为的回报率提高了,于是女性将会延长搜寻时间。相应的,各年龄组女性的结婚率都会降低"。(齐良书:《婚姻经济学研究进展》)第二,"各种潜在配偶愈多,从另外的'样本'获得的预期收益因而愈大,寻找的过程也就愈长。所以,在其他决定因素不变的情况下,动态的、流动的、变幻的社会中的婚配迟于静态的、均质的社会中的婚配"。(贝克尔:《人类行为的经济分析》)这就导致大龄"剩女"在搜索中产生。

原因之七:女性稀缺造成女性"价格"上涨,男方为娶到妻子需要付出的成本增加,从而增加了男性的结婚准备期,提高了婚姻双方的年龄。尽管现代社会提倡以爱情为基础的伴侣婚姻,但在男多女少的"婚恋市场"上愿意接受"裸婚"的女性有限。男方要结婚,至少要有房有车吧?虽然男方父母为了儿子能娶上媳妇,在儿子刚出生时就进行竞争性储蓄,但在一线城市,房子价格上升的速度远高于存款利率。这就增加了男方的"持币待购期",也使部分女性一直处于待嫁的"剩女"状态。《小康》杂志于2011年6月初发布的《中国大中城市青年居住状况调查》显示,24.8%和21.3%的城市青年,因住房压力而"推迟结婚"和"推迟生育"。"剩女"这种现象也不是到现代才出现,宋代买卖婚姻盛行,娶妻的高负担同样造就了一批"剩女"。

"剩女"在现阶段大规模出现是由多种因素共同作用的结果。无论是被"剩下"还是主动选择"剩下",背后均有经济理性。

对大学生恋爱的态度

（一）

随着社会的发展和相关法律法规的修改，现在大学生不仅可以谈恋爱，而且可以结婚。但许多大学存在对大学生恋爱的干预。2011年3月福州某大学就率先实行"恋爱实名制登记"，学生需要填写恋爱方面的信息，包括"姓名""学号""是否恋爱""恋爱对象是否在本省""恋爱对象是否在本校"等等。还有的大学则组建戴红袖章的"大学生纠察队"，阻止校园情侣的过分亲昵行为；有的大学则干脆将谈恋爱的学生开除了事……

大学生谈恋爱、接吻乃至同居在现代大学非常普遍：基本上每个学校均有情侣角，一对对情侣在其中享受爱情的甜蜜；女生公寓门口在每天熄灯前，是情侣依依不舍吻别的场所……对于大学管理者而言，大学是学习的地方，情侣们浪费大好的学习时光，过着卿卿我我的生活，真是是可忍孰不可忍！尤其当某些管理者在大学里拥有"处置他人"的权力时，对学生的恋爱行为开刀也就成为其表现权力的场所。

大学要不要干预学生的恋爱及同居行为？这种干预可能的结果是什么？本文将围绕这两个问题展开经济分析。

（二）

学校干预大学生恋爱的可能原因之一是，对大学生来说，学习是其主要任务。但现在还没有科学的证据说明大学生谈恋爱一定对学习有负面影响。谈恋爱有因卿卿我我而消耗时间的一面，也有男女学生相互促进提升成绩的一面。即使现在有明确的证据表明大学生在校学习期间因恋爱导致学习成绩下降，直接禁止恋爱也是一种高成本的做法。毕竟大学还有课程考核、毕业条件等制度约束学生的学习行为，除非大学里的管理者认为大学的这些制度形同虚设，有必要对在校大学生谈恋爱进行干预。如果禁止在校大学生谈恋爱才能促使学生将精力放到学习上，那么学校是不是也应该禁止学生玩游戏、打扑克、上网、从事社会实践活动？学生到大学学习的目标是多元的，找一个知心伴侣或者积累恋爱经验可能也在一些大学生的目标函数中。牺牲一定的考试分数换取恋爱经历可能是这些学生的理性选择，大学禁止或干预学生的恋爱行为很可能会影响这些学生的成长。

大学干预在校学生谈恋爱的第二个原因是恋爱会给学校的管理带来一系列的问题，如几乎每个学校都会发生失恋学生自杀事件。于是有人提出：禁止恋爱不就没有这些问题了吗？但仔细分析，这样的逻辑也不成立：如果按照有在校大学生因恋爱而自杀就禁止大学生恋爱的逻辑，考试不及格、毕不了业甚至也有导致学生自杀的情况，是不是规定只要上大学，每个学生的分数一定要及格，每个学生一定能毕业？推而广之，学生在校园内走路可能会遇到"李刚"的儿子，上体育课可能会遭遇器械意外等，难道大学要禁止这些吗？

大学干预在校学生恋爱最主要的原因可能是恋爱尤其是校园内的亲密行为有"外部性"。经济学不是说"外部性"是政府干预经济的重要理由吗？那么以子之矛攻子之盾你总无话可说了吧？其实，大学生恋爱，尤其是一些亲密行为的确有外部性，会让不少人感到不适，而恋爱的大学生并没有为此不适"买单"。如果大学一定要干预学生恋爱等行为，这也许是唯一有说服力的原因。但问题的关键是，即使不考虑恋爱行为可能的正外部性（如像我这样已经过了恋爱季的中年男性在看到恋爱中的男女时可能会觉得很温馨），为消除这种微小的负外部性而投入大量本来可以用于聘任优秀师资的资源值不值得？让学生担任干预校园亲密行为的"红袖章"在浪费这些学生的时间的同时，是否会伤害这些人的个人品德乃至影响其未来的发展？因此，就像并不是所有的外部性均需要政府干预一样，即使学生恋爱中的亲密行为有负的外部性，大学管理者在考虑是否要干预时也需要考虑干预的成本和收益。

因此，姑且不论大学是否有权干预学生的恋爱行为，仅从成本收益的角度看，大学干预在校学生恋爱并不是一种理性的行为。

（三）

尽管总的趋势是大学对在校学生的恋爱行为干预越来越少，但毕竟还是有大学的管理者基于"父爱主义"对大学生的恋爱行为进行干预。下面对这些干预行为的可能后果做一分析。

在分析以前，我们需要明确以下两个命题。

命题一：作为一个成年人，爱情和性是大学生的本能需求。

命题二：人们面对激励会做出反应。其含义是当约束条件发生变化，人的行为也会随之发生变化。

从经济学的角度看，爱情是已成年大学生偏好的重要组成部分，而校规等构成了现实的约束。当校规对大学生的恋爱行为从不干预转变为干预时，大学生的行为也会随之发生变化。

第一，既然大学干预在校学生的恋爱行为，那么，学生就会去学校管不着的地方谈恋爱。这会增加他们恋爱的时间和金钱成本，也会增加出现不测的风险。这在减少恋爱人数的同时，也增加了陷入热恋中的大学生恋爱的成本。从总的效果看，对该大学学生的总恋爱成本的影响未定。

第二，既然在大学里公开地恋爱会受到管制，那么，恋爱中的男女大学生可能会增加恋爱行为的隐蔽性，如去小旅馆开房等。因此，可以预见的是，禁止校内的亲密行为会增加该校大学生的"失贞"率，在给恋爱中的学生带来更大成本的同时，也给社会造成更大的负外部性。

总之，禁止学生恋爱在减少大学生恋爱人数的同时，也会增加热恋学生性行为的比例。学校在考虑制定校规时，一定要重视"人们面对激励会做出反应"这条经济学原理。

失恋经济学

常言说："爱情就像是一场战争，开始容易结束难。"林忆莲在其歌曲《伤痕》中唱道："爱有多销魂，就有多伤人。"与爱情的甜蜜相对应的是失恋的痛苦。经济学如何看待失恋现象呢？经济学家为因失恋而寻死觅活的男女开出的处方是什么呢？本文将分析把人折磨得死去活来的失恋。

为什么会失恋

失恋的原因千差万别：父母或亲戚朋友的干预，一方或双方都觉得继续维持恋人关系不符合自己的意愿或利益，第三者插足……那么怎样才能将这千差万别的失恋和经济学联系起来呢？下面我就试着用经济学的常见概念——失业，来研究失恋问题。

经济学定义的失业一般有三种类型，分别为结构性失业、摩擦性失业和周期性失业。其中，周期性失业的概念与失恋差异较大，我们姑且不管。这里重点研究与前两种失业相对应的失恋，分别称为"结构性失恋"和"摩擦性失恋"。

"结构性失恋"是指社会上的男女整体上处于均衡状态，即"一个萝卜一个坑"，但"萝卜"和"坑"之间的匹配存在问题：有的因为"坑太小"无法找到匹配对象，有的因为"萝卜太小"无法找到匹配对象。对于这种失恋，我在《"剩下"和"被剩下"》一文中有详细论述。总而言之，因为"男高女低"是"婚恋市场"的常态，"三高女性"和"三低男性"会因为无法找到合适的对象而处于失恋状态。

"摩擦性失恋"是指一个"萝卜"对应着一个合适的"坑"，但"萝卜"或"坑"要找到合适的对象需要付出时间等成本，因此"萝卜"和"坑"仍处于相互寻找的过程之中。

为了实现基因延续的目标，"男人通常会寻求年轻、健康、有吸引力、性保守的女性"，而"女性则会选择有雄心壮志，有良好经济能力的男性"。（大卫·诺克斯和卡洛琳·沙赫特：《情爱关系中的选择——婚姻家庭社会学入门》）就像只有工作了才能知道企业和员工是否互相匹配一样，男性和女性在寻觅适合自己的对象时，也面临信息不对称的问题。为解决这个问题，除了通过门当户对等要求排除一部分异性外，其余的只有亲身体验才能知道对方是否适合自己。失恋，就像劳动力市场上的辞职或被辞退一样，随着时间的推移，恋爱中的一方或双方（甚至一方或双方父母）发现对方并不是在现有时间、成本约束下实现婚姻这个目标的最优人选。

而第三者插足并成功上位,就像优秀的员工被其他企业以更好的条件挖走一样,说明了恋爱中的一方出现了更优的可供选择的对象。因此,男女常因不了解而恋爱,因了解而分手。

"婚恋市场"是"物物交换市场"。为了了解对方,双方不得不投入自己的时间、金钱和感情,失恋的痛苦也正是投入(尤其是感情投入)没有回报引起的。

另外,我们也不能忘记生物社会学对失恋的解释。从生物社会学的角度看,恋爱的最终目的是为了组建家庭,实现家庭收入的最大化,进而实现基因的延续。生物学家发现爱情是受爱情物质——苯乙胺(PEA)控制的,而苯乙胺的浓度高峰可以持续6个月到4年左右,平均不到30个月。这和社会学家调查所得的时间一致。从人类繁衍的角度讲,这段时间刚好与男女从交往开始,到组建家庭和生育第一个孩子的平均时间一致。因此,"互相迷恋的强烈感情的产生以及衰退是物种生存的自然适应策略"。(王纪芒:《婚外情面面观——一个社会学的实证研究》)如果男女没有在爱情物质的高峰期结婚,很有可能会因为爱情的消退而分手。

男女在失恋中的行为模式差别

在所有的失恋中,是男性还是女性更有可能提出分手呢?美国社会学家对此问题的实证调查发现,女性(50%)比男性(40%)

更有可能提出分手。造成这种现象的原因,从生物经济学的视角看,是因为女性生育成本要高于男性,所以对男性的要求(如抚养能力及其雄心壮志等)要高于男性对女性的要求。一个女性这样描述分手的原因:"我厌倦了他缺乏雄心壮志——我觉得我能做得更好。他是一个不错的男孩,但是住在拖车里并不是我的生活目标。"(大卫·诺克斯和卡洛琳·沙赫特:《情爱关系中的选择——婚姻家庭社会学入门》)

从这个视角讲,失恋是男女一方或双方的一种理性行为。恋爱是男女通过交往了解对方,以实现降低婚姻内"交易成本"的一种手段。发现对方不合适自己还继续维持恋人关系,当断不断,最终会给双方造成更大的伤害。毕竟,婚姻解体的成本要远高于失恋的成本。伤心归伤心,但只有离开不合适的才能跟合适的相逢,失恋未必就不是好事。《2010—2011年中国男女婚恋观调查报告粉皮书》表明,有超过七成的受访者认为分手虽然令人伤心,但只有离开错的才能找到对的。

失恋会让人产生非常痛苦的情绪,时间和新的恋情是医疗失恋的最好方法。社会学家发现,从一段很深的情感中恢复过来,通常需要12—18个月。(大卫·诺克斯和卡洛琳·沙赫特:《情爱关系中的选择——婚姻家庭社会学入门》)而且,男性和女性在选择时间和新的恋情这两种治疗失恋的方法时存在显著差异,即男性比较多的是选择开始新的恋情,而女性则通常选择时间。这种差异同样可以用生育成本去考虑。

因为女性生育成本要高于男性,一见钟情的成本要高于男性,所以对异性的挑剔程度要大于男性,因恋情不当所造成的伤害也要大于男性,通过新的恋情去治疗失恋的代价也要高于男性。代价越高,需求越少,如此而已。

失恋后该怎么办?

当一种成本已经发生而且无法收回时,这种成本就是沉没成本。经济学认为沉没成本不是成本,人们在决策时不需要考虑沉没成本。因此对于沉没成本,放弃就是人们的理性选择。当我们从经济学的角度思考爱情时,沉没成本会告诉我们如何面对感情上出现的问题。

给女性的忠告:不要老是强调以前追求自己的小伙子有多帅,对自己多体贴,而现在"一代不如一代"。要知道,随着年龄的增加,男生会从"丑青蛙"变成"钻石王老五",成为"婚恋市场"上的"抢手货";而对于女性来讲,仅仅年龄的增加就足以导致其在"婚恋市场"上"价值贬损"。因此,"逝者不可追"。在这样的情况下,找到最满意的恋人才是女性的聪明做法,不要错过新的机会。

给男性的忠告:当你发现身边的女性不适合你时,你要坚决离开,不要有诸如"我曾经为这位女性买过999朵玫瑰,如果和她分手,这笔钱就白花了"的想法。要知道,"999朵玫瑰"是一种沉没成本,选择分手其实你没有任何损失,和不合适的人进一步发展感情,才是你最大的损失。当你发现和对方不合适时,应该立刻分手,以短痛代替可能出现的长痛。

给男性和女性的共同忠告:失恋了,过去的投入就成为沉没成本。男性失恋时喝酒抽烟、女性失恋时泪流满面是人之常情,具有增强爱情免疫力的功能,还有可能使对方看到自己的真情而回心转意,但为此而寻死觅活则大可不必。要明白"天涯何处无芳草",为无法改变的事实付出生命的代价,太不值。更何况,失恋意味着你对异性又有了新的了解,与前任交往的经验则有助于你未来恋爱的成功,从这个角度来说,对于前任应该选择感谢而不是怨恨。

第二篇

婚 姻

> 婚姻是一男一女为了共同的利益而自愿终身结合,互为伴侣,彼此提供性的满足和经济上的帮助以及生男育女的契约。

彩礼现象

一、彩礼现象与新娘的"价格"

彩礼在中国有悠久的历史。《仪礼·士昏礼》规定的"六礼"中，第四项为"纳征"，即男家给女家送聘礼，女方一旦接受聘礼，婚姻即宣告成立。在春秋时代，"纳征"也被称为"纳币"。那时"无币不相见"，即不送聘礼不能结婚。

在现代社会，一说起彩礼，不少人肯定会和性别歧视或封建余毒相联系。但从经济学的观点看，彩礼在婚姻形成过程中有着新娘的"价格"、信号显示和质押品等多种功能，对婚姻的成立和稳定起着重要的作用。这也正是该项制度在中国至今仍没有退出历史舞台的原因所在。

第一，新娘的"价格"。在中国，嫁妆和彩礼同时存在，但嫁妆在婚姻形成过程中的地位远没有彩礼重要。彩礼与嫁妆的差额是男方家庭给予女方家庭因嫁女造成经济损失的补偿，即新娘的"价格"。中国现有习俗是女嫁男。这就意味着婚后女性的劳动收益归男方家庭，造成将女儿养大成人的成本由女方父母承担而收益由男方享有的结果。女方家长向男方索要一定的彩礼，以补偿养育女儿的辛苦和费用，并为自己提供一定的养老费用，也就成为理所当然的事情。

彩礼还反映女性的稀缺性。中国现阶段存在显著的男女性别比例失衡，女方在"婚恋市场"上明显占据优势，男性想通过竞争获得合意的女性，不得不付出一定的代价。农村的彩礼和城市中的房子就是代价中比较重要的组成部分。"婚恋市场"存在比较明显的"女低男高"心理，即男性喜欢找条件比自己低一点的女性，而女性则喜欢找条件比自己好一点的男性。城市中的中低端男性和农村中的优质男性共同竞争农村中的女性，尤其是优质女性。这导致农村中女性的彩礼出现水涨船高之势。

尽管彩礼使婚姻蒙上了一定程度的买卖痕迹，但从另一个角度看，彩礼调节着家庭关于生男生女的心态。"较多的彩礼稍稍弥补了家庭对女儿的投资，在一定程度上有助于缓解男孩偏好。"（李树茁等：《性别歧视与人口发展》）尽管现阶段中国男女性别比例失衡问题很严重，但如果没有彩礼起着增加生女报酬的作用，中国的男女性别比例失衡问题可能会更加严重。这就是"婚恋市场"上的价格机制。

值得强调的是,尽管彩礼与新娘的"价格"相关,但是,彩礼并不完全体现女儿的"价值"。父母总是爱女儿的,而索要过高的彩礼会给女儿将来在婆家的生活造成不利影响。不少学者,如陈志武和王跃生,在研究中国古代初婚和再婚女性索取彩礼的数量时发现,再婚女性索要的彩礼高于初婚女性。他们对此的解释是再婚女性嫁人是一种彻底的市场"交易行为",而初婚女性的彩礼则包括父母的爱在里面。

第二,提高女性对婆家的"价值"。一个女性能否成为好妻子与她还是姑娘时父母的教育有关,而新娘的"价格"和女性的个人品质之间有着比较密切的联系。这就促使女方父母为提高新娘的"价格"而对女孩进行质量投资,如提高女孩的教育投入。极端的情况是中国古代的裹脚、三从四德教育和避免女儿与外人的接触等。如果不存在彩礼或者彩礼数量严重不足,女方父母可能会降低对女儿的教育投入。毕竟对女儿的教育不仅需要金钱投入,也会对家庭生产活动产生挤压。因此,彩礼促进了女方父母对女儿的投资的增加,也提高了女性对婆家的"价值"。

第三,信号显示。在中国古代社会,男女地位并不平等,女性对男性有很大的依赖性,即男性的赚钱能力决定着女性的生活水平。在中国先秦时期,用俪皮和大雁作为聘礼就隐含着考察男性养家能力的含义。在现代社会,随着女性赚钱机会的增加,女性对男性的依赖程度降低。但在农村,女性对男性仍然存在很大的依赖性。因此,真实了解男性的信息对女性具有重要的意义。但男女之间却存在着信息不对称问题,即男性知道自己的经济状况和赚钱能力,而女性则对此了解不足。面对人品、性格和素质良莠不齐的男性群体,女性在婚后会面临很大的风险,可能会出现婚前信誓旦旦、婚后实现不了的现象。为减少这种风险,女性及其家人会想方设法地收集信息来了解对方,如通过恋爱和打听等渠道了解男方经济实力和可靠程度。但这些方式存在的问题是可能会出现信息伪装,如男方可能会穿借来的西服去相亲等。打听来的消息也未必准确,因为中国人信奉的是"宁拆十座庙,不毁一门亲"。彩礼作为财富的转移,显示着男方家庭的经济实力,起着信号显示作用。对此,波斯纳这样写道:"从女性的观点来看,只要是男性为获得妻子而支付的情愿程度和能力与男性生育和保护她的孩子之间有很好的相关关系,那么聘礼就是一种有效的筛选装置。"(波斯纳:《正义/司法的经济学》)

因此,彩礼作为信息传递工具减少了女方及其家庭对男方及其家庭的考察时间和精力,节约了"交易成本",促进了"交易"的形成,即婚姻关系的确立。

第四,在婚前和婚后保护女性。彩礼并不是到结婚时才支付。按照惯例,定亲和结婚存在一定的时差。在这段时差内,如果男方悔婚,女方将不退回彩礼;如果女方悔婚,则彩礼需要退回(乃至加倍退回)。尽管存在着女方悔婚的现象,但男方悔婚的现象更为常见。而且，在中国古代，悔婚对女方所造成的损害非常大，因为它会影响女性第二次婚约的订立。毕竟女性的"价值"会随着时间的流逝而快速贬值。何况在中国传统习惯中，订婚也就意味着男女同居合乎惯例，订婚后男方的悔婚将大大降低女性在二次婚约中的"议价"能力。为此，彩礼加大了男方毁约的风险，保护了婚约，即使男方悔婚，女方也能为第二次婚约的付出得到一定的补偿。这和订婚送钻戒的道理是一致的。根据美国女经济学家玛格丽特·布里尼格的研究，在美国性相对保守的20世纪30年代，随着女性在被未婚夫抛弃后可以索要赔款法律条文的废除，作为事后追偿女性在"婚恋市场"上贬值的一种替代，订婚时向未婚妻送贵重的钻戒的习俗在美国得到普及。"人们对此的理解是，如果男子违反这一婚约，这个妇女就可以留下这个钻戒。"（波斯纳：《性与理性》）

正是因为有了彩礼的保护，女性在和男性交往的过程中，减少了为避免风险而进行的防范和试探，减少了男女交往过程中的交易成本，促进了婚姻契约的最终达成。

彩礼不光在婚前保护着女性，也在婚后保护着女性。贝克尔就认为，配偶的分工和收益的分配是由"市场力量"决定的。当婚姻的产出在配偶之间的分配不可变时，由"市场"决定的配偶之间的分配可能与婚姻的产出实际分配份额不一致，嫁妆或聘礼是对婚内分配中受损一方的预先补偿，其数量等于她（他）在"婚恋市场"

上的影子"价格"与她（他）在婚姻中得到的效用的差额。（齐良书：《婚姻经济学研究进展》，宋世方：《西方家庭经济理论的最新发展》）因此，彩礼是对女性婚姻产出分配不足的一种补偿，是对女性婚后投入的预先支付。

第五，稳定婚姻。因嫁妆能提高女性婚后的福利，所以女方的父母总会在女儿出嫁时拿出一定的嫁妆。因此，彩礼中的部分乃至全部会以陪嫁品的形式进入新婚后的小家庭，增加了夫妻双方的共有财产。新婚期是组建家庭的男女相互适应对方的一段时间。在这个过程中婚姻解体的可能性要大于进入稳定期后婚姻解体的可能性。婚姻是否解体与婚姻是否成立一样取决于男女双方对成本和收益的考虑。双方的共有财产是维系婚姻的重要保证之一，因为无论从司法判决还是从社会惯例看，在离婚过程中，无过错的一方得到的家庭共有财产一般会多于有过错的一方。因此，彩礼在"婚恋市场"上起着质押品的作用，能有效地保护婚姻契约的实施，增加了家庭解体的成本，也降低了婚姻解体的可能性。波斯纳这样写道："离婚很容易的非洲部落使用了嫁妆来强制执行婚姻义务：如果丈夫没有过错，妻子跑了，那么男方会留下嫁妆；但是，如果是丈夫抛弃了或以其他方式不当对待妻子，妻子（或者是其家庭）就有权要求归还嫁妆。"（波斯纳：《性与理性》）

彩礼不仅仅是新娘的"价格"，也是在信息不完全的"婚恋市场"上保护女性和婚姻的一种手段。我们不能把彩礼当作封建余毒一棍子打死,至少在现阶段,彩礼仍对婚姻的形成和稳定起着一定的积极作用。

二、高彩礼现象的经济分析

(一)高彩礼是男人娶不到老婆的原因吗?

在"婚恋市场"上,男女互为需求,也互为供给。

现阶段出现的高得吓人的彩礼,反映的是过多的男性追逐过少的女性,即适婚男女比例失调。一些新闻媒体经常有因高彩礼导致男性的娶妻成本太高,使得部分适婚男性被逐出"婚恋市场"的报道。其根源就在于没有那么多的适婚女性供适婚男性选择。彩礼是"价格",其作用在于在"婚恋市场"上,将有愿望并且有能力的男性筛选出来。

"婚恋市场"上男女比例失衡的原因主要有以下两个。

第一,自由生养的时代,在一般情况下,家庭会追求儿女双全。当家庭面对突发灾害时,人类作为哺乳动物本能的男孩偏好就会显现。这一点可以从中国古代溺婴主要发生在突发灾害时期及溺婴对象主要是女婴可以看出。政府控制生育数量限制了家庭能够生养的小孩数量,使得作为人类本能的男性偏好得以凸显。学术界用"失踪女孩"来形容应该出生而没有出生或对男孩和女孩差别照顾造成女孩死亡等情况而减少的女性。

第二，两性择偶条件差别造成男女性别比例失衡问题主要集中在农村。从择偶条件看，男性的最优选择是各种条件比自己差一点的女性，即"男性向下看"；而女性的最优选择是各种条件比自己好一点的男性，即"女性向上看"。按照这种逻辑，农村里的优质女性会被城市的男性娶走。这就加大了农村"婚恋市场"上女性的稀缺。在传统的印象中，农村丧偶和离婚的女性是弱势群体，但在女性稀缺的条件下，她们也成为"婚恋市场"上众多男性追逐的对象。由此可见，在"婚恋市场"上，男性的"向下看"和女性的"向上看"，造成了城市里的"优质女性"和农村中的"劣质男性"被剩下。所以，对于女性而言，"我剩下我优秀"；而对于男性而言，剩下的基本上都是各种条件不行的。这就使得大量光棍集中于农村，而在城市则大规模地出现"剩女"。

（二）高彩礼对社会发展的影响

对于高彩礼，一般民众和学者持批评的态度。一种是后果型的批评，即认为高彩礼使得一些男性娶不起老婆。对于这一点，我在前面的分析中已经说明这种逻辑是错误的，因为该观点搞混了因果关系。另一种是道德型的批评，即认为在高彩礼的条件下，女性完全成为待价而沽的"商品"，这是对女性的不尊重。其实在"婚恋市场"上,女性是"商品",男性同样是"商品",何来对女性的歧视?

从学术的角度讲,高彩礼的确存在一些负面影响。例如,高彩礼导致女性婚龄下降,并造成生养女孩的家庭减少人力资本投资,进而对女性本人和社会造成不利影响。但在竞争约束下,农村的"婚恋市场"出现了按质论价的现象,就像一些新闻披露的那样,随着女性受教育年限的增加,女方家庭索要的彩礼数量也随之增加。女方家庭可以通过彩礼收回女性的教育成本,甚至有所盈利,所以家庭对女孩的人力资本投资不会减少。

即使高彩礼的确会减少家庭对女孩的人力资本投入,其对社会的正面作用仍然远大于负面影响。关键在于作为"价格"的彩礼能够调节市场上的供求关系。中国农村男女性别比例失衡是高彩礼的根源,但高彩礼在提高了生养女孩净收益的同时,减少了生养男孩的净收益,使得愿意生养女孩的家庭数量增加,对女孩的抚养也更为上心。从长期看,这会有效地降低农村"婚恋市场"上女性的稀缺程度,实现男女供求平衡,促进社会的和谐和稳定。而随着女性稀缺程度的降低,高彩礼现象也会随之减少。

高房价与丈母娘的要求

中国的高房价，是民众一直关注的问题，一些人对高房价也发表过惊世骇俗的言论。尽管中国有古语——"丈母娘看女婿，越看越喜欢"，但女儿毕竟是亲生的，为了不让自己的女儿将来受到委屈，准丈母娘要求准女婿提供稳定的住房，否则不准结婚也是可以理解的。哥伦比亚大学魏尚进教授将中国的高储蓄率归因于生儿子的家庭为竞争儿媳妇不得不进行"竞争性储蓄"。"竞争性储蓄"在未来也会有很大部分流入房市。

就婚恋而言，男女之间是一种"物物交换"，男女双方互为供求。你要价越低，追求你的异性就会越多；异性出价越高，包括你自己在内的供给就会越多。均衡的价格由需求和供给共同决定。

在这里，"均衡价格"是由多个方面构成的。嫁妆和彩礼之间的差额是"价格"的重要组成部分，男方给女方创造比较好的生活条件也是"价格"的重要组成部分——这里面就包括丈母娘要求女婿买的房子。

因此，尽管婚恋是一种"物物交换"，但一般而言，适合某位男性的女性不在少数，适合某个女性的男性也不在少数。因此，我们可以将"婚恋市场"看成近乎完全竞争市场。一名女性如果漫天要价，另一个适婚对象就会以相对较低的"价格"从这名女性手中将这名男性抢走。市场竞争的结果是每一名男性和女性以与自己品质相对应的"价格"将自己"卖出"。无论是女性还是男性，都不存在漫天要价的空间。我们从《2010年中国人婚恋状况调查报告》中可看出，"70.8%的女性认为，男性必须有房才能结婚"。这就意味着由男性在婚前购买婚房已经成为现在女性意愿"价格"的重要组成部分。因此，准丈母娘要求准女婿购买婚房是女性"价格"的真实反映。

那么，女性的"价格"为什么会如此高呢？魏尚进教授关于中国男女比例失衡的观点正确地指出了女性"价格"高的原因。一般而言，正常的男女出生性别比为106∶100。因为男性的夭折率高于女性，所以，该出生性别比能够使适婚男女在性别上保持相对平衡。但在现代中国，男女的出生性别比已经达到了123∶100。这就造成了女性相对于男性的稀缺。这种稀缺造成了女性相对于男性的"供不应求"，从而造成了女性"价格"上扬。其表现形式之一就是"无房不嫁"。无论是"未婚女推高房价"，还是"房价上涨，是因为'丈母娘需求'"，均是女性"价格"上升的形象表达。对于这一点，魏尚进教授有着深刻的表述："随着男女比例失衡的扩大，有男孩的家庭在'婚恋市场'上会面临越来越激烈的竞争。竞争有很多形式,其中之一是为孩子买一套更大更好的房子。这在无形间会增大当地对住房的需求,由此进一步推高房价。从这个意义上说,我觉得中国过高的房价和男女比例失衡也存在一定关系。"

经济学家的实证同样发现,娶妻成本与各省市性别比、储蓄率、住房面积和价格呈明显相关性。

人类婚姻的生物本质

（一）

人既具有社会性，也具有生物性。最近三十年，应用达尔文的进化论分析人类行为的学科，如生物社会学、生物经济学得到快速的发展。这些学科的发展为我们研究人类行为提供了新的视角。这些方法也同样可以应用于人类婚姻现象的研究。早在20世纪初，研究人类婚姻现象的韦斯特马克就指出："对于婚姻问题的研究，首先必须联系到它的生物学基础。"（韦斯特马克:《人类婚姻史》）

本人对生物经济学的兴趣起源于《经济学家茶座》上黄有光教授的文章《男女有别——从何忻基近著〈情是何物？〉说起》。与黄教授在西安交大授课期间的3个月的接触，也让我有机会近距离聆听黄教授从生物本能上解释人类行为的理论。为什么男人认为有小蛮腰的女人是漂亮的女人？为什么无论多大的男人都喜欢年轻漂亮的女人？这些问题深深地吸引着我。

我有兴趣就会去查找相关的资料，无论是生物学经典著作《自私的基因》还是通俗读物《性别战争》，甚至经济学主流教材——赫舒拉发的《价格理论及其应用》，都有相关内容的介绍。本文是我在阅读相关书籍基础上的一点总结和思考。

（二）

从进化论的视角看，生物行为的根本目的是自己基因的延续，包括延长自己生命和让带有自己基因的后代能够尽可能多地生存下去。无论是同性之间还是异性之间的"战争"均围绕这两点展开。基于此，生物经济学认为在人类偏好形成的过程中，"自然选择塑造了我们所有的偏好，最终目的是要使繁殖成功率最大化"。

由于男性和女性生理条件的差别，男性和女性在基因的延续上存在以下两个重大的差别。

第一，男性延续基因需要的时间很短，女性则不得不面对怀胎十月的痛苦。一个私生活随便的男性可以在一年内让许多女性怀孕，孕育大量后代；而一个女性无论她私生活多随便，一年之内只能生育一胎。这种成本上的差异造成了男性在生物本能上具有滥交以将自己基因遗传下去的倾向；而女性则对男性比较谨慎、保守和挑剔，只有在确认男性的能力和相关品质后才愿意和男性一起延续基因。由此造成在基因延续上,男性以量取胜,女性以质取胜。男性容易始乱终弃,而女性却往往从一而终。正是这种生育成本的差异,使在生育过程中付出更多的母亲比父亲更愿意照顾小孩。这也正是在我们的语言中,常说"母性"一词而很少说"父性"一词的原因所在。

第二,"母子关系看事实,父子关系须推理"。小孩不会认错母亲,但可能会认错父亲,即男性可能将别人的小孩当作自己的小孩抚养。在基因技术发展出来以前,男性无法分辨小孩是不是自己的。

从理论上讲,作为男性的最优策略是自己只负责"播种",而将抚养小孩的责任丢给女性。但问题是,单靠女性一个人无法将小孩子抚养长大。"人类在下一代身上投入的时间之长,关照的领域之广,是任何其他物种都不能比拟的。而且,把孩子抚养成人所付出的辛苦足以超过妇女本身所能承受的极限。"(马尔科姆·波茨和罗杰·肖特:《自亚当和夏娃以来——人类性行为的进化》)因此,"除非一个男人向她承诺提供终身的扶植、保护或提供一个丈夫所能进行的服务,女人才会愿意为这个男人生育子女,才会在这方面进行投资"。(安东尼·W.丹尼斯和罗伯特·罗森:《结婚与离婚的法经济学分析》)

"有的男性出于爱情而使女性受精怀孕,并且,他们会为了妻子和孩子的生活拼命工作。"(乔·库尔克:《精子来自男人,卵子来自女人——男人和女人不同的真正原因》)很明显,对女性爱得越深的男性，越会克制男性天生的"流浪癖"，以保护女性和小孩，小孩也越容易在恶劣的生存条件下生存下去。在进化的作用下，形成了男女双方对爱和性先后顺序上的差别：男人为性而爱，女人为爱而性。也正是因为这一点，"在婚姻问题上，女性比男性考虑得更多，而且看得更远，部分原因是婚姻对于女性的意义比对于男性的意义更重大"。（贝克尔和波斯纳：《反常识经济学》）

不愿意承担保护女性和小孩责任的男性将不会有女性愿意和他一起生养小孩。男性为保证女性对自己子女的生养，不得不和女性签订合约组建家庭，以保证自己的基因得到延续。从某种意义上讲，人类组织婚姻的目的就是在儿女出生以前为其组织一个"抚养"团体。恩格斯就认为："最初的分工是男女之间为了生育子女而发生的分工。"（恩格斯：《家庭、私有制和国家的起源》）

因此，人类婚姻的生物本质是男女为生养后代所做的相互承诺。"男人和女人选择对方成为伴侣是基于想生下最有生存能力的后代这一内在关注。"（大卫·诺克斯和卡洛琳·沙赫特：《情爱关系中的选择——婚姻家庭社会学入门》）男性给女性一个承诺：我会和你一起将小孩子养大。而女性也给男性一个承诺：和你一起养大的小孩真的是你的。

正是因为男性抚养能力对女性和小孩生存有着重要的意义，所以，"一个男人在他还不能供养妻子之前绝不允许结婚"，在结婚前男性不得不向女性或其家庭证明其有这种能力。（韦斯特马克：

《人类婚姻史》）在现代社会，我们同样可以发现，在择偶时，男性追求美貌并提供资源，女性追求资源并提供美貌。

（三）

社会生物学家研究发现，就动物世界而言，抚养后代需要投入的资源越多，雄性和雌性在一起的时间就会越长，"婚姻"也就越有可能采取一夫一妻的形式。相较于其他动物，智力对于人类的生存起着重要的作用，人类的大脑从比例上而言远大于其他动物。而大脑本身需要很长时间的发育，人类的成熟期也要远长于其他动物。

因人类的大脑较大，女性生育小孩的风险也随之增加。为适应这种挑战，在进化的作用下，女性的体态和生育时间为此做了专门的调整。在人类社会，女性的丰乳肥臀是漂亮的标志，这是因为有这样体态的女性有利于生育。尽管人类是十月怀胎，怀孕期要远长于其他动物，但生下来的小孩子相较于其他动物仍缺乏独立的生活能力。如果等小孩子进一步发育成熟后再生，女性的生产死亡率会进一步上升。这也不利于人类的生存和繁衍。

但女性的丰乳肥臀影响其力量和奔跑速度，不利于其在生存条件恶劣的环境中单独生存，小孩子不成熟就出生造成了女性无法独立将小孩子抚养长大的状况。因此只有两性的密切配合才能保证女性的生存和基因的延续。这就是以两性合作为基础的婚姻制度在人类社会如此普及的最根本原因。

男性因生育能力的无限性,其在生育上的最佳策略是以量取胜;而女性因生育能力有限,其最佳的策略是以质取胜。组建家庭是男性为保证自己基因的延续,配合女性放弃数量追求质量,即能够让后代生存下来的过程。

社会生物学家在研究中同样发现,性对于其他动物而言,是季节性的,而对于人类而言,则可以贯穿全年。从进化的角度看,贯穿全年的性是女性对男性克服流浪一起抚养小孩的一种补偿和奖赏,是将男性吸引在自己身边一起抚养小孩的一种手段。"从纯进化理论来说,在发情期以外仍然具有吸引力这一点,对于具有这一特点的人,以及对于整个人类,都应该构成一种选择优势。"(安德烈·比尔基埃等:《家庭史》)

由此可见,我们将掩盖在人类婚姻制度上的层层面纱揭开,可以发现人类婚姻的本质来源于人的生物性。

(四)

尽管婚姻的目的是基因的延续,但婚姻制度并不会保证男性不会养错小孩子。而养错小孩会对男性基因的延续造成很大的伤害。

为保证自己的基因得到延续,大多数男性认为,腰细和年轻是确定女性漂亮的两个非常重要的指标。他们主张男女授受不亲,让

"妇女生活在被贞操防卫起来的环境中"（恩格斯：《家庭、私有制和国家的起源》），要求结婚时女性是处女，在婚后要保持"贞洁"，通过限制女人生活圈子达到限制其性生活范围的目的。司马光认为："女子十年不出，恒居内也。"康有为说："印则妇女以布蔽面，埃及则以锁加眉中，突厥则以白纱蔽面，波斯则以布笼身首如一亭然，仅露其目，盖亦同意……推其所以然，皆因防淫乱之故也。"（《大同书》）无论在中国还是西方世界，在古代，女性通奸是男性放弃现有婚姻的合理理由，对女性通奸的惩罚异常严厉。为减少女性的出轨，非洲一些地方流行"割礼"，以降低女性的性快感。为了保持妇女的"贞洁"，他们甚至人为地使妇女无知……

尤其在一些有"女淫妇贞"传统的社会，普遍存在"杀头子"的习俗，即在无法判断小孩是否为自己所生的情况下，将妻子所生的第一个小孩抛弃或杀死。中国古代典籍不乏这样的描述。《墨子·鲁问》这样写道："楚之南有啖人之国者桥，其国之长子生，则鲜而食之，谓之宜弟。"《汉书·元后传》这样写道："羌胡尚杀首子，以荡肠正世。"颜师古对此的解释是："言妇初来，所生之子，或他姓。"

周的祖先为"弃"，可能也是被抛弃的"头子"。对此，《史记·周本纪》描述如下："周后稷，名弃。其母有邰氏女，曰姜原。姜原为帝喾元妃。姜原出野，见巨人迹，心忻然说，欲践之，践之而身动如孕者。居期而生子，以为不祥，弃之隘巷，马牛过者皆辟不践;徙置之林中,适会山林多人,迁之;而弃渠中冰上,飞鸟以其翼覆荐之。姜原以为神,遂收养长之。初欲弃之,因名曰弃。"

康有为说:"然以男谱相传,子姓为重,男女不别则父子不亲;既欲父子之可决定而无疑,必当严女子之防而无乱,女贞克守,则父子自真。"(康有为:《大同书》)从基因延续的角度,我们也就可以理解中国传统社会一系列事关女性和婚姻的制度安排背后的经济理性。

(五)

在原始社会,群婚制下如何保证男性基因的延续?人类社会为什么会从群婚制演进到对偶婚呢?

原始社会的生产力比较低,单一父亲的婚姻结构可能无法保证女性和小孩的生存。为此,众多的"父亲"共同抚养小孩对于女性而言也就成为一种理性的选择。对于每位男性而言,其所面对的也是多位具有生殖能力的女性,尽管风险很大,但自己基因得到延续的可能性从概率的角度看并没有降低。但这种方式存在是以男性品质差异不大且男性或女性无法独立抚养小孩为前提。

当男性品质差异变大导致单一男性可以与一个乃至多个女性一起抚养小孩时,为减少自己基因无法得到延续的风险,男性就会垄断相关女性的性资源,群婚制也就随之解体。对此,恩格斯这样写道:

"专偶制的产生是由于大量财富集中于一人之手,也就是男子之手,而且这种财富必须传给这一男子的子女,而不是传给其他人的子女。为此,就需要妻子方面的专偶制,而不是丈夫方面的专偶制。"(恩格斯:《家庭、私有制和国家的起源》)

女性不上桌的历史原因

在中国传统社会，吃饭时女性不上桌是一种习俗。这种现象在现代社会，尤其是广大农村地区仍有遗存。2016年春节，城市媳妇回男方农村老家，不被允许上桌吃饭引发的家庭冲突成为媒体讨论的焦点。在媒体和众多网友尤其是女权主义者眼中，不允许女性上桌体现着男权主义对传统女性的极度压迫和歧视，是女性地位低下的象征，是封建社会陋习，应该丢到历史的垃圾堆之中。

其实早在20世纪七八十年代，美国芝加哥大学著名经济史学家黛尔德拉·麦克罗斯基教授就发现：在欧洲中世纪，和中国一样，存在男性吃饱饭后女性和小孩才能吃饭的现象。为什么在东西方的传统社会，会出现相似的现象？出现这种现象背后的约束条件是什么？为什么在现代社会这种现象趋于消失？

经济学认为，尽管文化的发展有其特殊的规律，但一种文化要长久存在，其背后必定有经济理性支撑。简单地将原因归为歧视并没有揭示出不允许女性上桌这种现象长久存在的原因。很难想象，没有真实因素作为支撑的歧视会使东西方的传统社会均出现女性不允许上桌的现象。

那么造成这种现象的约束条件是什么呢？是传统社会农业产量低，一个家庭的产出无法保证让全部家庭成员都吃饱饭。

下面我们用两个代表性家庭来分析女性上桌吃饭和不上桌吃饭的差别。

一个家庭是女性、小孩和壮劳动力在一张桌子上一起吃饭。作为爱家庭的男性壮劳动力，不可能自己先吃饱，而让小孩和妻子处于半饱状态。因此，他会将食品分给其他家庭成员，自己维持半饱的状态。但问题的关键在于半饱的男性壮劳动力在下地干活时，效率是比较低下的，该家庭的当年收成会下降。到第二年，该家庭成员，包括男性壮劳动力，会连半饱都维持不了。到第三年，该家庭成员可能均会饿死。

另一个家庭，女性和小孩不上桌，先让男性壮劳动力吃饱饭，女性和小孩在男性壮劳动力吃饱后才吃饭。因食品有限，女性和小孩可能仅仅能维持半饱。男性壮劳动力因为吃饱饭，生产效率不会降低，可以预期的是该家庭能够一起维持下去。

总之，男人没有吃饱就无法耕作，而女人和小孩子不需要下田。因此，让男人先吃饭维系了整个家庭的生存。从进化的角度来讲，女性上桌的家庭在残酷的生存竞争中被淘汰，而留下来的都是女性不上桌的家庭。为了防止男性因为爱家人而先让妻子和小孩吃饭对家庭生存造成不利影响，就形成了女性不上桌的文化习俗。因此，文化背后是优胜劣汰的生存竞争。这就是传统社会女性不上桌的经济理性。

在现代社会，随着生产技术的进步，家庭食品不足的现象已经几乎不存在了，加之投资到小孩和妇女身上得到的收益增加，女性不上桌的现象也随之减少，爱家庭的男性不是自己先吃饱，而是将好的食品先给妻子和小孩吃。但因文化习俗改变需要时间，在一些农村地区，女性不上桌的习俗仍然存在。可以预见的是，因为经济理性的丧失，女性不上桌的习俗会走向消亡。

婚前同居和试婚

（一）

2011年3月17日《南方人物周刊》刊登了这样一则消息："法国国家统计与经济研究所最近的一项调查显示，在2010年，法国有24.9万对男女登记结婚，19.5万对伴侣登记'同居协议'。选择登记'同居协议'的法国人呈现不断增长的趋势。在巴黎11区，登记'同居协议'的人已经超过登记结婚的人。"

波斯纳在《性与理性》中也这样写道："婚前性交的发生率直线上升，特别是在女性中。大多数女性在结婚时不再是处女。"例如在北欧，婚前性行为非常普遍，以致女性带着小孩结婚成为比较普遍的现象。

针对婚前性行为普遍存在的现实及其可能对社会产生的影响，保守的美国布什政府曾经在中学大力推广青少年"婚前没有性活动"

项目。该项目对中国也产生了影响。《南方周末》曾经就女性的"婚前守贞"问题展开讨论。在上海,有人指出:"现在有许多小姑娘不珍惜自己,不知道贞操是女孩给婆家最珍贵的陪嫁。"此话引起舆论大哗然,将有关婚前同居和性活动的争论推向高潮。

本文将不对婚前同居、婚前性行为和试婚等现象进行道德上的判断——这不是经济学要解决的问题,而是通过成本和收益分析法解释为什么在现代社会婚前同居和性行为会如此普遍,并分析该行为对人类婚姻制度可能产生的影响。

(二)

婚前同居并不是一件新事物。在初民社会,不少民族就有婚前同居的习俗。那么婚前同居的"价值"何在?其对婚姻的稳定有什么样的影响呢?

婚前同居第一个可能的目的是了解异性,为即将到来的婚姻奠定基础。对于这一点,让我以中外两名学者对此的研究加以说明。

安德烈·比尔基埃等在《家庭史》中这样描述16世纪的法国北部和阿根廷地区:"他们试娶妻子。他们根本不写书面婚约,只在与妻子长期生活过、试过她们的生活习惯、了解了她们的'土壤'确实肥沃之后才接受新婚祝福。"

费孝通在《生育制度》中则这样描写了广西花篮瑶的婚姻:"婚

姻是幼时由父母定下的。男子到了可以工作的年龄，每个月要有一两次到女家去作工，那晚就住在女家，和未婚妻同宿。这样，未婚的男女从小就有不断的接触，若是发现与对方实在性情不合，他可以拒绝服务，把婚约解除，解除的手续是很简单的。结了婚，女的住到男家去，可是并不就开始全部的共同生活，因为女的时常回母家。实际上，夫妇关系和婚前相差不远。这时若要离异，手续和解约相同。一直到生了孩子，才正式长期同居。"

从上面的案例我们可以看出，同居的"价值"在于通过婚前的共同生活促进男女在婚前对对方的了解，减少婚前男女所面临的信息不对称问题，促进有效率的婚姻关系的形成。对此，贝克尔在《家庭论》中这样写道："由于了解一个人的最好方法是与他（或她）在一起生活，因而未婚男女花费一些时间在一起共同生活，或许也包括试婚，对于互相深入了解会更有效率。"因此，同居为婚姻的稳定提供了一种有效了解对方的方式。同居关系终结，其实也意味着避免了一场失败的婚姻。

婚前同居第二个可能的目的是以同居的短期合约代替婚姻的长期合约，实现婚姻的部分收益。婚姻是一个长期合约，男女借此合约实现婚姻的互利收益。但当男女一方或双方可能由于种种原因缺乏签订长期合约的条件或不愿意受长期的法定婚姻义务约束时，以同居代替婚姻以实现婚姻的部分收益可能是男女双方的一种理性选择。

但婚前同居也会带来一定的成本。在强调"女贞"的社会，婚前同居会对未婚女性的"价值"带来较大的负面影响。未婚同居可能产生第三者，即小孩。如果男女未能进入婚姻，会对该第三者的福利造成较大的负面影响。婚姻合约保护随着年龄增加而贬值的女性的利益。相对而言，同居对女性的利益保护有限。这为男性试而不婚的始乱终弃行为提供了条件。同居无法对女性的家庭劳作提供足够的保护，会出现女性对家庭的专用性资产投资不足，导致无论是男性还是女性都无法实现婚姻的全部收益。

由此也可见，同居对婚姻会产生两方面的影响。如果第一个目的占据主导地位，则婚前同居和婚姻之间存在互补性，男女双方会因为婚前同居有着共同生活的经验而增加婚姻的稳定性；如果第二个目的占据主导地位，则同居对婚姻起着替代作用，同居对婚姻关系的成立乃至婚后的稳定起着负面的作用。从欧美的现实看，同居更多是与分手相联系。因此，同居更像是短期契约对长期契约的替代。

（三）

在现代社会，同居为什么会越来越普遍呢？可能有以下几个原因。

1. 男女结婚年龄的推后为婚前同居和性行为提供了条件。无论对男性还是对女性来说，性需求都是一种原始的自然需求。十几岁的少男少女在性上已经成熟。古代社会为防止年轻的男女在性上出现不当行为而实行早婚，以婚内性行为代替可能出现的婚前"失贞"。（详见本书《古人早婚的原因》一文）但在现代社会，随着受教育时间的延长和工作压力的增加，结婚年龄被普遍推后。以同居的形式解决性需求也就成为不少青年男女的选择。

2. 在传统社会，女性缺乏独立生存能力，需要男性对女性及其子女进行保护，并提供经济支持；男性则要求女性"贞洁"以保证小孩是自己的。因此，贞洁是女性"购买"男性资源所必须付出的代价。而随着越来越多的女性外出工作和社会福利制度的完善，女性及其小孩对男性的依赖降低，女性不需要通过婚前的"守贞"，即降低婚前的性快乐来换取男性对她和她的小孩的保护和经济支持，女性的婚前同居等"失贞"行为随之增加。她们甚至不需要通过婚姻的形式取得丈夫的保护和经济支持，其婚姻的收益大幅下降。所以许多女性选择与男性同居而不是婚姻来实现婚姻的部分收益。

3. 随着社会的发展和女权主义的兴起，性日益成为个人之事。同居作为男女双方的个人选择，社会舆论对其日益宽容。中国的法律就在未婚男女"非法同居"的说法中去掉了"非法"二字，工作单位对同居行为的干预也已经成为历史。尤其是"女权主义者"将同居视为自由支配自己身体、摆脱对男性的依赖的象征，将婚前"守贞"视为保守和落后的想法，促进了社会思潮的改变。2000年胡珍教授在《从主流走向多元——新世纪大学生性文明发展趋势研究》中说,她通过对2000名大学生的调查发现,对婚前性交行为表示宽容的占近90%,认为应该受到道德谴责或法律制裁的仅占约10%。

4. 离婚自由化对同居行为的促进作用。婚约的最大作用在于保护日益"贬值"的女性的利益。离婚自由化潮流使婚约对女性利益的保护作用下降,甚至婚约都开始无法保护在"婚恋市场"上处于弱势地位的女性的利益。同居既能实现婚姻的大多数收益,又能减少婚姻可能产生的婆媳矛盾和可能离婚产生的不必要成本,成为不少男女的理性选择。在欧美不少发达国家,如法国、美国等,政府针对社会上同居现象普遍存在的现实,对同居男女的计税方法、分手时的财产分配等做了类似婚姻的法律规定,为同居行为提供了法律规范,也对同居行为产生了一定的促进作用。

5. 随着基因技术的进步,男性已经不会养错小孩。对于男性而言,女性在婚前乃至婚后"失贞"的最大伤害已经消除。男性对"贞洁",尤其是婚前"贞洁"的强调开始减弱。这意味着女性婚前同居对未来找丈夫的影响变小。

6. 避孕和流产等技术手段的发展降低了青年男女未婚同居的成本。未婚生育带来的社会关系更为复杂,对同居关系的影响也更大。避孕和流产等控制生育的技术进步使同居的外部性得到有效降低,在促进社会对同居行为更为宽容的同时,也降低了男女同居的成本。因此,"试婚和婚前接触频率增加,是对避孕技术发生重大改进的

合理的反应"。(贝克尔:《家庭论》)

"从法律的角度看,结婚比同居更能保障自身利益,但是这个费用本身过高。这好比买保险可以保证发生意外后得到一定保障,但是如果这个保费高得人们不堪重负,人们宁可放弃买保险。"(李俊:《为什么剩女不结婚:对日常生活的经济学趣味解读》)因此,未婚的男女在婚姻和同居之间做着艰难的选择,而同居相对于婚姻占比的上升意味着天平已经慢慢地偏向同居。上述对同居增加原因的分析说明的正是这一点。

尽管如此,在中国,现阶段仍有不少的男性有很深的"处女情结",如不少有钱人在征婚时要求对方是处女。因此,无论是女性为将来可能嫁得更好而自愿保持"贞洁",还是婚前为了解男性或实现婚姻的部分收益而同居,我们都应该保持一种宽容的态度,因为这些都是女性的自愿选择,而且该选择并没有伤害第三人。

结婚的成本与收益

《孟子》说："丈夫生而愿为之有室，女子生而愿为之有家。"为什么结婚会成为饮食男女的必然选择呢？

成本收益法是经济学使用最广泛的分析方法，对于结婚的分析也是如此。贝克尔认为人们结婚是为了从婚姻中得到最大化收益，即力图以最小成本换取最大收益，其中的核心是婚姻中的男女可以提供互惠式的服务。波斯纳也认为："家庭是一个最大的经济生产单位（抚养子女、提供食品等）。就像市场一样，婚姻如果不是为了互利，就创造不出效率。"（波斯纳：《法律的经济分析》）

经济学认为，潜在的夫妻会将他们结婚能得到的效用和两个人选择单身的效用进行比较。如果结婚后获得的效用——对家庭产出的分享，超过了单身的效用，男女就会选择结婚，而结婚男女的总效用和他们单身效用总和的差就是婚姻的净收益。

婚姻产生的第一个收益是性的满足和自身基因的延续。康德认为："婚姻就是两个不同性别的人，为了终身相互占有对方的性器官而产生的结合体。"（康德：《法的形而上学原理》）生物学家的研究也表明，性快感仅次于毒品提供的生理快感。婚姻使性伴侣长期化、稳定化，使性生活安全化。

英国哲学家罗素说："婚姻的主要目的是繁衍后代。"尽管从逻辑上讲，婚姻并不是繁衍后代的必要条件，但因男女在生养后代上成本的差别，尤其是在生产力并不发达的古代，女性在多数情况下无力独自将小孩抚养长大。因此，除非男性同意和女性一起养育小孩，女性才愿意生养小孩。为实现自身基因的延续，男性不得不与女性组建家庭共同抚养小孩。因此，从某种意义上讲，婚姻是男女共同抚养小孩的一份契约。通过该契约，人们可以合法生育，繁衍后代。康有为就这样写道："母尽字育之勤，父尽教养之任，通力合作，其子易于成人。"（康有为：《大同书》）

除此之外，经济学认为夫妻可以通过分工合作与相互扶持而获得个人生活无法取得的一些收益。常见家庭内的分工合作有以下几种：一是可通过劳动分工实现比较利益和递增报酬；二是互相提供信用，协调人力资本投资的收益，比如一人工作供养另一人读书，然后共享荣华富贵；三是家庭精神层面的分享，如儿女绕膝的天伦之乐、彼此的知识和智慧等；四是防灾保险，如生病不至于无人照顾。

家庭生活中的很多行为并不具有规模经济的特点。例如，刷牙、洗脸等显然是个人行为，分工合作并不能带来这些行为效率的提升。

甚至在一些事情上，两个人在一起生活会对对方产生一些负面的影响。如早上起床后两人可能会造成洗漱间拥挤等，即规模不经济。但在夫妻的共同生活中，也有非常多的事情具有规模经济的特点。例如：两个人分别洗自己衣服所需要的资源，如时间、用水量等的和总要大于一个人洗两个人的衣服；相对于租赁两套较小公寓，租赁一套较大公寓的成本会更低。总体而言，两个人共同生活所形成的规模经济要超过规模不经济，这就是组建家庭的收益。一项研究对比了加拿大单身和已婚男女的情况。该研究发现独立居住的单身男女实际上要比一同生活的夫妻家庭多花一倍以上的钱才能达到同样的生活水平。（爱德华多·波特：《一切皆有价》）也正基于此，澳大利亚女议员菲尔丁以绿色的名义向全球男女发出呼吁："为了地球，不要离婚！"结婚过生活可以节约土地、房屋以及水电资源。

"结婚的收益来自在投资于非市场活动的时间和获取市场物品的力量方面男人和女人之间的互补。"（贝克尔：《家庭论》）贝克尔的婚姻经济理论认为，由于男女身体条件不同，男人在干体力活上具有优势，女人则在女红上具有优势。男性在外赚钱，女性在家从事家务劳动和养育孩子，可以实现家庭收入的最大化。这种分工格局也正是中国传统家庭的主流形式，在现在西方发达国家也比较常见。这种基于比较优势的分工能有效地提升家庭生产的效率和双方在经济上的收益。同时，双方基于比较优势而进行的分工合作会因长时间从事相似的工作而取得效果，如一个人炒菜的水平会随着他（她）炒菜次数的增加而提高。当然，现代社会男女之间在家庭内的分工与农业社会也有差别，并不必然男主外女主内，也有可能女主外男主内。但无论采取哪种形式，都要比每个人既主内又主外效率要高。

因此，男女之间的分工其实是男女协调人力资本投资，实现专业化分工以获取家庭收入最大化。但这种分工以婚姻契约保护主内方（一般是女性）的合法权益为前提。通过婚姻契约保护，夫妻双方就能协调人力资本投资，以实现家庭收入的最大化。同样的道理，夫妻中的一方为取得更大的进步，需要放弃一定的眼前利益或需要对方做出一定的牺牲，如果没有婚姻契约保护另外一方的利益，协调成本也许就会高到计划无法实施的地步。因此，家庭关系类似一个长期稳定的契约关系，家庭成员在此契约中，可以进行相对稳定的合作，并分享合作的长远收益。

俗话说："男女搭配，干活不累。"在家庭生产和生活中，男女的配合能减少疲劳和无聊。在家中总有一些家具靠个人是无法移动的，而依靠夫妻双方的合作，移动就能比较轻松地实现。墙壁是很高的，一个人粉刷要不断上下梯子，既危险又容易疲劳。如果夫唱妇随，一人刷墙，一人在下面服务，顺便讲讲家庭琐事，事情就能在不知不觉中完成。

无论在道义上还是在法律上，婚姻当事人都有责任和义务对家庭里发生的事情和诸如生病等各种意外情况尽力而为。因此，我们可以将婚姻看成夫妻间的一种相互保险。夫妻双方可以同舟共济、互相扶持,以抵抗各种不利的人生变故。"少时夫妻老来伴。"人的一生是生老病死的过程,总有一些单靠个人很难过去的坎。而依靠夫妻之间的相互安慰、支持和帮助,这些困难就会比较容易克服。父母和其他亲戚也能帮助解决不少的问题,但远亲不如近邻,近邻不如枕边人。

家庭的保险功能也已经得到实证研究的支持。一项关于意大利妇女的研究发现,单身女性比已婚妇女的风险投资少,显示出她们在经济上比较脆弱。还有学者发现,爱尔兰1996年离婚合法化导致已婚夫妻储蓄率提高,他们以此避免离婚可能造成的损失。(爱德华多·波特:《一切皆有价》)社会学家甚至发现,"结婚能够降低男女双方的死亡率"。对此的解释是:"婚姻所提供的针对疾病和死亡的保护,可能是通过更容易达到的社会支持、社会控制来实现。这两者相结合可以规避风险,拥有更健康的生活方式和减少弱点。"(大卫·诺克斯和卡洛琳·沙赫特:《情爱关系中的选择——婚姻家庭社会学入门》)

通过夫妻间的感情交流,婚姻能给人带来诸如浪漫、温馨、踏实等精神享受。我时常晚归,家里一盏亮着的灯给我心里带来莫大的安慰,使我知道在世间走,我并不孤独,有一个爱我的人和我爱的人牵挂着我。一些社会学家甚至认为:"婚姻关系中的伙伴从对方那里获得的情感支持,仍然是婚姻最强烈和最基本的功能。"(大

卫·诺克斯和卡洛琳·沙赫特:《情爱关系中的选择——婚姻家庭社会学入门》)

因此,"婚姻是一男一女为了共同的利益而自愿终身结合,互为伴侣,彼此提供性的满足和经济上的帮助以及生男育女的契约"。(亨利·浦尔:《美国家庭法概论》)结婚的收益包括物质和非物质的许多方面。英美经济学家的实证研究发现,美满的婚姻给人带来的效用相当于年赚10万美元给人带来的效用。而实证结果同样表明,拥有稳定婚姻的人的身心也相较于单身人士更健康,寿命也更高。因此,结婚给当事人带来的收益非常大。

"我想和一个男人生活在一起——真的,想和人分担、分享。可是,如果把我的生活和一个别的什么人连在一起,然后对自己说,这不能改变了,我得整个陷到里面去,那我就没有自由了。"(让-克洛德·布洛涅:《西方婚姻史》)尽管人们可以通过结婚实现婚姻的功能(收益),但结婚也需要付出成本,如结婚前搜寻结婚对象时的谈情说爱,谈婚论嫁时的讨价还价,单身快乐的丧失,结婚后的协调和相互容忍等都需要一定的时间、物质和精神支出。因此,经济学认为结婚是人们基于成本和收益考虑的结果。当婚姻带来的收益大于成本时,人们就会选择婚姻,反之就会另寻对象或保持单身。

值得强调的是,结婚的成本和收益还与家庭的经济状况有关。贝克尔的实证研究就表明,"贫贱夫妻百事哀"。贫穷夫妻结婚的净收益要小于富人和高学历的人,这就造成了富人和高学历家庭的稳定性要大于穷人。

康有为在《大同书》中这样写道:"不独其为天合不可解也,人道之身体赖以生育抚养,赖以长成,患难赖以保护,贫乏赖以存救,疾病赖以扶持,死丧赖以葬送,魂魄赖以安妥,故自养生送死,舍夫妇、父子无依也。"正是因为男女组建家庭的收益如此巨大,结婚才成为世上男女的普遍选择。

父母之命，媒妁之言

"父母之命，媒妁之言"这种传统的男女结合方式在现代社会，尤其是城市，已近消亡，但这确实是我们的祖先在组建家庭过程中的必经阶段。早在先秦时期，中国就确定了"父母之命，媒妁之言"作为婚嫁的基础。《孟子·滕文公下》这样写道："不待父母之命、媒妁之言，钻穴隙相窥，逾墙相从，则父母国人皆贱之。"而在随后，各封建王朝多用法律的形式规范之。《大明律》这样写道："嫁娶皆由祖父母、父母主婚，祖父母、父母俱无者从余亲主婚，若夫亡携女适人者其女从母主婚。"

西方古代社会的情况与中国相类似。恩格斯指出："在整个古代，婚姻的缔结是由父母包办，当事人则安心顺从。"（恩格斯：《家庭、私有制和国家的起源》）而斯塔夫里阿诺斯这样描述美索不达米亚文明的婚姻："婚姻不能由可能会被爱情蒙蔽的新郎和新娘来选择，而是要由双方的父亲或者在父亲去世的情况下由其母亲或兄长来决定。"（斯塔夫里阿诺斯：《全球通史》）

"婚姻作为一种制度,无可指责。而且我很乐意承认,婚姻可以是给人带来幸福的条件。实际上,我就很想哪天能够结婚。但一想到包办婚姻,我就腻味。"(让-克洛德·布洛涅:《西方婚姻史》)父母包办婚姻,在现代年轻人眼里是无法容忍的事情:它剥夺了男女选择自己爱人的权利。媒婆在现代年轻人眼里则更是一个非常差的角色:她限制男女之间的自由恋爱,为撮合婚姻,将黑说成白,将非说成是。许多人认为,如果世界上没有媒婆这个角色,世界将会美好很多。然而,这些看法是否符合历史事实呢?

经济学认为任何一项社会制度,如果背后没有经济理性支撑,将不可能长时间存在。这同样适用于包办婚姻与媒婆制度。当我们将分析视角转向中国传统社会的约束条件时,"父母之命,媒妁之言"的合理性也就跃然而出。

父母之命

首先分析为什么自由恋爱在古代社会并不是一个理性的选择。

原因一:门当户对。婚姻会将两个陌生的家庭乃至两个家族联系在一起,或是在两个友好的家庭或亲属群体之间建立新的纽带。因此,婚姻的影响不只限于婚姻的当事人,婚姻也不仅仅是男女双方的事,而是家庭乃至家族的事情。不当的婚姻可能会影响家庭的互保,从而影响家庭或家族的生存。因此,"一般家庭都尽可能避免与那些不诚实的家庭或者那些因管理不善而总是求助于别人的家庭,以及那些可能会损害自己名声的家庭交往。这样,在其家庭成员的配偶选择问题上,家庭总是进行相当严格的把关"。(贝克尔:《家庭论》)

原因二:在前现代社会,买卖婚盛行。《颜氏家训·治家》这样写道:"近世嫁娶,遂有卖女纳财,买妇输绢,比量父祖,计较锱铢,责多还少,市井无异。"因子女对婚嫁对象的品质要求可能与父母收益最大化的要求不一致,限制子女的择偶权利符合父母的利益。而为防止子女的偏好影响婚姻的达成,"已订婚的男女,在结婚以前,几乎是互不认识;新郎只有在婚礼上,才第一次窥见妻子的面容"。(韦斯特马克:《人类婚姻史》)买卖婚的盛行与父母限制子女择偶自由之间存在因果关系。

中国古代社会强调"女贞",这就意味着处女的"价格"要远高于非处女,而婚前男女的自由交往程度与"失贞"之间存在明显的正相关性。为实现女儿"价格"的最大化,女方父母总是像防小偷一样防着女儿与年轻男性的交往。公开的求爱和谈情说爱一般而言是不可能的,父母之命也就成为婚约成立的唯一可能选择。

原因三:古代中国并不像现在这样,适婚男女有大量的认识机会。那时男耕女织,未婚男女并不在一起劳动,而且在一个村子里聚集的基本上是同姓之人。《左传》说:"男女同姓,其生不蕃。"《国语·晋语》说:"同姓不昏,惧不殖也。"基于生养健康后代等理由,中国古代一直禁止同姓男女结婚。在古代,怀春的少女、钟情的少年能接触的同龄异性就是自己的堂(亲)兄弟姐妹,还有部分在传统礼仪之下可以婚配的表亲,适婚异性缺乏,如果允许自由恋爱,那么可能会出现大量近亲结婚。在那时,村与村之间的联系也不如现在方便,如果男女是通过自由恋爱的方式结合,要男性翻山越岭寻找"大门不出"的女性谈恋爱,并不是一件容易的事情。

原因四:古代男女普遍早婚,男女在生理年龄刚成熟的时候,就要成家。(详见本书《古人早婚的原因》一文)在男女社会心理还没有成熟的情况下,让男女自己选择婚姻伴侣,并不现实和理想。

原因五:爱子女是父母的天性。父母总是希望自己的子女有一个好的姻缘。而"在一个文化静止的社会里,父母自己认为妥当的配偶常常对女子来讲也是理想的配偶,因为他们有可靠的经验,判断比较正确。而且,第三者的考虑也比较周到和客观,可以照顾到夫妻生活的各个方面"。(费孝通:《生育制度》)

在当时的社会条件下,如果以今天人们习以为常而且自以为具有道德优越感的自由恋爱作为婚姻的基础,同时要排斥近亲结婚,信息费和"交易成本"都会极高——高得可能使婚姻不可能发生,这就会威胁人类的繁衍。包办婚姻也就成为中国古代农业社会的一项最基本的婚姻制度,成为世界上大多数前现代社会的共同选择,其合理性和效率也显而易见。

媒妁之言

"男女非有行媒,不相知名;非受币,不交不亲。"(《礼记·曲礼上》)

尽管婚姻由父母做主是中国古代婚姻制度的基本特点,但父母替子女寻找适合自己子女的异性同样面临信息费和"交易成本"高的问题。这时,借助专业化婚姻媒介——媒婆,就能降低信息费和"交易成本",以促成婚姻契约的达成。媒婆在"婚恋市场"中的作用就像现代社会中的拍卖者。张五常就认为:"在合约协商期间,媒人提供关于新娘的技能和其他特质的信息。新娘的'价格'决定于潜在买者之间的竞争性出价。"(张五常:《经济解释》)因此"媒妁之言"在古代社会具有非常强的制度正当性,它有利于人类社会的生存。在一些地方的民歌中,媒婆对其职业进行辩解时的表白说明了这一点:"我的姑娘也!你把媒人骂死了,人间鹊桥哪个搭?上庙去把尼姑做,背起包袱找男人。头发白了还是黄花女,八十岁的姑娘打单身。"

此外,如父母之命一样,媒婆在防止乱性、保障婚姻乃至家庭稳定等方面同样起着重要的作用。而正是因为她们的作用和地位的重要性,中国历代法律甚至规定"媒妁之言"是婚姻必经的步骤。

在现实世界中,为实现完成"交易"、拿到中介费的目的,媒婆存在夸大男女优点的可能性。《战国策·燕策一》就这样写道:"周地贱媒,为其两誉也。之男家曰:'女美。'之女家曰:'男富。'"因此,媒婆在历史的早期就受到歧视,并被历代婚姻不幸福的男女所责骂。如在江淮一带就流传着这样的民歌:"背时媒人像条狗,这头吃了那头走。婆家来夸女儿美,娘家来夸女婿富。哄得小狗去撵兔,哄得小猫去上树。豌豆开花结角角,媒人吃了烂嘴角;豇豆角角尺二长,媒人吃了烂大肠。"

但从经济学的视角看,媒人的这种夸大对男女婚约的形成影响有限。媒人在说媒过程中能够给男女双方提供足够真实的信息。原因有以下几点。

1. 男方和女方在事前都知道媒婆的话会夸大,在具体的决策中,他们都会按其历史上夸大的程度将其所言打折扣,以取得适婚对象的真实信息。

2. 媒婆作为专业的婚姻中介,语言的可信度决定未来生意。尽管一次夸大的收益很高,但可能会对其未来生意造成不好的影响。为了未来,她们也会尽量提供真实的男女信息。

3. 媒婆的收益一般是分期给付。只有当婚姻正式成立后,媒婆才能收到最后的给付。如果媒婆在介绍过程中伪造的信息给某一方造成很大的损失,那么,她也有丧失最后给付的风险。

4. 媒婆都为本地人,本乡本土也给媒婆很大的压力,促使其不可偏离真实信息太远。因为"媒婆市场"为可竞争市场,当一个媒婆夸大程度过高、丧失信誉时,竞争者就会出现并掠夺其市场。

为防止这种情况的发生,媒婆会限制通过夸大信息获取短期利益的行为,以获取长期收益。

为什么随着时代的发展,"父母之命,媒妁之言"的合理性逐渐丧失了呢?可能有如下的原因。

首先,随着人类寿命和学习时间的延长,早婚制逐渐退出了历史舞台,适婚男女年龄的增加意味着其对婚姻的把握能力增强,"父母之命,媒妁之言"的必要性也随之下降。

其次,当今社会,女性能够频繁地参与市场活动,可婚配异性之间接触和交往的机会增加。

再次,现代社会信息变化非常快,父母基于以前的经验给自己的孩子选择的伴侣并不一定适合自己的孩子。

情况的变化使得实施"父母之命,媒妁之言"的"交易成本"增加,该制度也逐渐退出历史舞台。

尽管"父母之命,媒妁之言"可能会造成"凤鸭错配,抱恨终身,伉俪情乖,动辄反目",但无论哪一种婚配方式都存在自身无法克服的问题,自由恋爱错配的比例也不低。在特定的历史时期,"父母之命,媒妁之言"为人类社会的延续提供了良好的条件。对此,一些学者有着清醒的认识。余新忠这样写道:"'父母之命,媒妁之言'这一制度性的规定是建立在婚姻为父母或家庭的责任以及青少年不能自由往来这样的基础之上的。如果在这样的基础上来认识,这一规定不仅合理,而且必要。"(余新忠:《中国家庭史·第四卷：明清时期》）因此我们不能因为"父母之命，媒妁之言"合理性的丧失就否认其以前的"价值"。即使在今天，父母以过来人的身份帮子女做参谋，选择伴侣，也可大大减少子女婚姻的风险，有利于子女过上幸福的婚姻生活。婚介所的大量出现，《非诚勿扰》等电视节目的流行，则说明在现阶段，作为男女相互认识中介的"媒婆"，并没有退出历史舞台。

门当户对

尽管在现代社会,多数人相信爱情是婚姻的基础,但从历史——尤其是中国历史上看,"父母之命,媒妁之言"却是大多数婚姻的基础,婚姻关系也一般在家庭相当者之间建立。为了排斥爱情在婚姻中的作用,保证该制度的实行,中国古代还有一系列的制度安排,如强调"男女授受不亲",禁止男女双方在婚前接触等。即使在现代,仍有一些国家男女的婚姻是被安排的,浪漫的爱情关系的发展受到严格的控制。例如,家长会为自己的孩子选择约会对象,阻止其与"错误"的人有任何潜在的恋爱机会,以保证孩子与"对"的人结婚。这个人必须属于父母所期望的社会阶层并且拥有父母所期望的经济条件。因此,在这些国家,类似灰姑娘的故事更多的是出现在童话里,而不是现实中。

如何看待门当户对?经济学从以下几个角度分析门当户对背后的理性。

1. 社会保险。《礼记》认为结婚是"合两姓之好",而不是合两"性"之好，婚姻由男女个人之事变为男女两个家庭、两个家族的事情。一经嫁娶，两个家庭（家族）就组成姻戚，新的社会关系由此产生。在古代，由于社会保障机制缺乏，"婚姻关系是作为医疗保险、残疾保险、养老保险缺失的一种替代"（斯塔夫里阿诺斯：《全球通史》）而存在的。两性的结合，就是两大家庭（家族）之间建立互保和扩大社会资源的过程。而将这推到极致的，就是中国古代两个民族之间的和亲制度。既然是社会保障，就需要非常强调对等性，即要求双方家庭的政治、经济、社会以及文化地位相一致。这就是门当户对。"男女双方都将姻亲视为得力的朋友和同盟者。找到一个有才华的女婿或家庭名声好的新娘等于得到一个可以反过来在社会和政治生活中获得帮助的家庭。"（伊沛霞：《内闱：宋代的婚姻和妇女生活》）因为当双方家庭经济实力差距过大时，实力弱的一方并不能为实力强的一方提供必要的保障和社会资源。为此，门当户对成为古代婚姻中男女双方非常注重的事情。即使在现在的农村甚至城市，我们还能看到七大姑八大姨参与男女的相亲过程并考察对方社会关系的各种制度安排。费孝通认为："在结婚前，男女双方及其亲属所履行的各种责任，在我们看来，其重要性是把个人的婚姻关系扩大成有很多人负责的事，同时使婚姻关系从个人间的感情的爱好扩大为各种复杂的社会联系。"（费孝通：《生育制度》）

2. 合作的利得。相同或相似家庭背景的人具有相似偏好的可能性比较大，对配偶的容忍度也就较高，家庭会更和睦，婚姻会更美满。社会学也将与自己的社会经济地位、文化、职业、民族、宗教等基本一致的人建立的这种婚姻关系称为同类婚姻，认为这种婚姻比较稳定，对生养孩子也比较有利。这用经济学的专业术语表述就是门当户对可以减少家庭内摩擦，降低"交易成本"。当然，堂表兄妹之间的婚姻最符合同类婚姻的条件。"和不认识的女子结婚，如同从水缸中饮水；而同叔伯兄妹结婚，如同盘中饮水，自己知道自己喝的是什么。"直到20世纪早期，堂表兄妹结婚在世界也不罕见。尤其是在阿拉伯国家，堂兄弟有娶堂姐妹的优先权，甚至未经堂兄弟的同意，堂姐妹不能出嫁。（韦斯特马克：《人类婚姻史》）

3. 知识传授。在传统社会中，年龄较大的人总是受到大家的尊重，因为他们拥有长年积累起来的知识，而这些知识对于处于静态环境中的年轻人来讲具有特殊的价值。在传统社会中，对于年轻一代的知识传授，主要是通过对其子女、侄子、侄女和下一代亲属的家庭文化传承来实现的。因此，"可以把家庭看作一所小型的专门学校，它为特殊职业、耕种和手工作坊培训学生，并且在这些毕业生的资格得到社会正式认可之前，家庭负责担保他们的这一资格"。（贝克尔：《家庭论》）那些年长者所拥有的与其职业相联系的知识和特殊技能等，更容易传授给那些与其家庭背景相似的年轻人。同时，女性在出嫁前接受的教育，在家庭背景相似的情况下也较容易在新的家庭中得到应用，她适应新家庭的速度会更快。

4. 收入最大化。"有最佳合伙人的律师事务所总想雇佣最佳职员为它们工作；拥有最佳学生的法学院总是有最佳教师；兴旺市场中的企业总是比处于衰落市场的企业拥有更好的总经理。如果我们假定配偶的实际质量像农场、律师事务所、法学院和公司一样是一种乘法关系而不仅仅是一种加法关系，那么婚姻（好像在大体上）也应该是这样的。"（波斯纳：《法律的经济分析》）更全面的观点由贝克尔提出。他认为，在家庭生产中，如果男女质量存在替代关系，则门当户对不利于男女收入最大化，反而是不对等的婚姻有利于双方扬长避短，通过专业化分工，实现收益的最大化；当男女质量存在互补关系时，则一个高质量的女性能提高高质量男性的生产率，从而实现家庭收入的最大化。（贝克尔：《家庭论》）可以作为例证的是，博士毕业的男生总是喜欢找本科或硕士毕业的女生，除了年龄关系外，主要的原因还在于这种组合可以通过让女性多照顾家庭，让男性有更多时间发展事业，实现家庭收入的最大化。此时，替代关系起到了决定作用。但一个博士毕业生不太可能去找一个大专或更低文凭的女生，因为男性的事业在很多时候需要女性理解和帮忙，匹配的婚姻比较容易做到这一点。此时，互补关系就起着决定作用。实证结果也表明，男女双方的互补效果要大于替代效果，即门当户对的婚姻有利于家庭收入的最大化。

5. 信号显示。女性——尤其是在古代——对男性的依赖程度是非常深的，男性的赚钱能力、财富、品质等会直接影响女性出嫁后的生存状况。针对男性的信息收集能部分解决这个问题。但信息的收集同样需要成本,而且,收集的信息也有失真的问题。怎么办?经济学认为:"对于那些难以评价的特征,可以通过利用能够容易评价的特征信息,诸如宗教、信仰、受教育程度、家庭背景、种族和外貌等,来进行部分的测定,因为这些特征同那些难以评价的特征常常按照一个规律的方式一起变动。"(贝克尔:《家庭论》)在古代,一个出自耕读世家的男性,其品质从一般的角度讲要远高于社会平均水平。而且,殷实的家底也能帮助年轻夫妻事业起步。对于男性来讲,女性的品质同样对家庭和睦、自己的事业等各个方面具有重要的影响。不是有俗语"一妇正,一家正"吗?在信息不完全的情况下,选择与自己家庭背景等各方面比较般配的女性是理性的选择。因此,门当户对的背后是信号显示起着作用。

但大家都知道爱情是盲目的,坠入爱河的男女双方考虑"门当户对"比较少,而考虑感情和容貌等因素更多。为防止不当婚姻给家庭(家族)利益造成伤害,古代婚姻大多以"父母之命,媒妁之言"的方式出现。为防止男女之间产生感情,未婚少女被阻止或禁止参加社会活动;为防止子女对对方相貌的偏好影响婚约的协商,新郎只有在结婚后才允许见新娘的面(这叫盲婚);孝顺的道德准则意味着无条件地接受父母选择的配偶。(张五常:《经济解释》)

由于信息不对称,看上去门当户对的婚姻关系未必真的合适。为防止姻亲关系损害家族利益,知根知底的表亲也就成为一种常见选择——毕竟"你已经知道的运气比你希望知道的运气要更好一些"。明清之际的张履祥这样告诫子孙:"选择当始自旧亲,以及通家故旧,与里中名德故旧之门,切不可有所贪慕,攀附非偶。"在小说《红楼梦》里,我们可以发现其中的四大家族之间大量存在复杂的表兄妹婚姻。表兄妹"在生活习惯上是相近的,而在社会结构上却处于外围"(费孝通:《生育制度》)。表兄妹结婚并不会破坏传统的社会伦理结构,并可以减少形成不良亲属关系的危险,也就成为不少家庭选择婚恋对象的理性选择。这就造成了一些大家族之间出现世为婚姻的复杂关系。

在现代社会,不少社会保障功能从家庭中剥离,由社会或专业化机构承担,职业教育也从家庭内部的传承变为由社会专门机构进行教学。男女通过婚前交往获取信息的可能性增加,对适婚对象的个人特征的关注程度得到提升。这在某种程度上减少了对门当户对的强调。门当户对也出现了新的表现方式,如相似的学历、职业等。

但这并不意味着在现代社会,门当户对已经丧失其经济理性。贝克尔在《家庭论》中这样写道:"教育和家庭背景是很重要的,因为爱情更容易在受过同等教育和有着相同家庭背景的男女之间产生和发展。"既然作为婚姻基础的爱情容易在门当户对的异性间产生,在婚姻中门当户对所占的比重应该会更高。经济学研究也证实,那些偏好相似、生产能力相近、家庭内部分配较为均等的夫妻,离婚的可能性较小;相反,那些缺乏共同点、家庭内部分配高度不均的夫妻则容易离婚。(齐良书:《婚姻经济学研究进展》)其实这也正常。在现实生活中,当你发现所购商品是不等价交换时,不是经常会在事后找对方的麻烦吗?

世纪佳缘联合多家媒体发表的《2010—2011年中国男女婚恋观调查报告粉皮书》认为,门当户对这一传统婚恋观仍然被大多数人所认同,成为当今主流的婚恋观点。而社会学家的实证研究也表明,即使在现阶段,中国的大多数婚姻仍为"同阶层婚",门当户对的婚姻在中国仍处于主导地位。一些西方国家就择偶问题的调查同样发现,尽管社会流动性增加,"在自己阶层中或与自己阶层相近的阶层中结婚的机会仍然比在完全不同的另一阶层中多"。(安德烈·比尔基埃等:《家庭史》)

女嫁男、裹脚和三从四德

在中国古代社会，男"嫁"女是一件非常不光彩的事情。在秦始皇时代，"倒插门"男性的社会地位和囚犯相当。在汉武帝时代，赘婿是属于"七科谪"之一。即使现在，我们看到的普遍现象仍然是女嫁男，上门女婿在不少人的眼中不是出于贫穷就是别有用心。那么为什么是女嫁男而不是相反呢？

从理论上讲，只要社会上普遍采取男"嫁"女的方式，其实施效果和女嫁男是一样的。那为什么一定要女子嫁到男方家呢？

第一个理由是传宗接代。但仔细考虑一下，这个理由不成立。如果社会上普遍采取男"嫁"女，而且小孩子作为女方的继承人，则实施效果和女嫁男是一样的。历史上的母系社会和现代女嫁男婚姻规则运行同样良好就说明了这一点。

第二个理由是在传统的农业社会，男方的劳动力价值较高，男"嫁"女会给男方家庭造成很大的经济损失，而女方的劳动力价值相对较低，女嫁男给女方家庭造成的经济损失相对较小。从经济学的视角看,这个理由同样不成立。彩礼与嫁妆的差额是男方家庭给予女方家庭嫁女造成经济损失的补偿,即新娘的"价格"。男劳动力比女劳动力更有价值,男方的家庭可以通过把儿子"嫁"走换取更多彩礼的方式获取经济补偿。

张五常在《经济解释》中认为,"婚姻合约签订以后迫使孩子工作和防止他们可能逃跑的成本"决定了在古代社会普遍采取女嫁男的方式,即通过婚姻将女孩娶回家和保留,让其顺从儿子的"成本"较低。主要原因有以下两点。

第一,父母防止自己孩子逃跑的"成本"比防止通过婚姻而获得的另外一个孩子逃跑的"成本"要低一些,因为通过多年严格的行为约束和以孝为核心的家庭伦理教育,自家孩子可能已经顺从了。(张五常:《经济解释》)

第二,"驯服"一个女孩子比"驯服"一个男孩子的"成本"要低一些。这一方面是因为女孩的体力比男孩差,另一方面是因为在中国古代社会存在着以"裹脚"为代表的制度安排和以"三从四德"为代表的道德枷锁,以生产力少量下降的代价来换取女孩"驯服成本"大幅度降低,而对男孩则缺乏有效的制度安排来降低"驯服成本"。

下面对裹脚的成本和收益做进一步分析。

为什么要求未成年女性裹脚?一些学者从文化的角度进行分析,如统治阶级的喜好对民间的影响,文人的畸形偏好对社会风尚的影响等。这些说法有一定的合理性。历史上文人骚客赞扬小脚的诗词如天上的星星，数不胜数。

性学家则认为裹小脚和穿高跟鞋的效果是一样的，能够让女性的曲线变得更加动人，同时也能增加男性在性交时的快感。

文人骚客有足够的时间和金钱去欣赏小脚之美，但对于大多数一般家庭而言，维持温饱才是目的。因此，无论是"美"还是"男性对女性的压迫"均不是裹脚背后的终极因素，裹脚应该是婚姻中的男方家庭对女性裹脚的成本和收益进行衡量后理性选择的结果。

裹脚的收益是降低了女性的"驯服成本"，而成本则是因裹脚而放弃的生产价值。由于生理条件的限制，男性和女性在生产活动中的比较优势并不相同：女性在纺织和家务劳动上具有比较优势，而男性在农业生产上具有比较优势。这就是《易·家人》所说的"女正位乎内，男正乎外"。就裹脚而言，它对纺织业及家务活动的生产力所造成的损害较小，但对户外的农业劳动损害较大。因此，成本决定了是女性而不是男性要承担裹脚的痛苦。由裹脚所造成的"身体的残疾可由姑娘降低了逃跑能力来补偿有余"。（张五常：《经济解释》）这就是裹脚背后的经济理性。

值得注意的是，裹脚不仅能降低"驯服"女性的成本，也减少了女性的外出，增加了女性婚后出轨的成本，从而达到减少女性"红杏出墙"和减少男性养错小孩的概率的目的。这一点在中国古代教育女孩的常用文献《女儿经》上写得非常明白："为甚事，裹了脚，不因好看如弓曲；恐她轻走出房门，千缠万裹来拘束。"这种先苦后甜和高跟鞋对女性的作用相似。尽管现在对于高跟鞋的起源有多种说法，但很明显高跟鞋的起源以及最初的流行与男性限制女性外出的频率及外出的范围有关联。

对女孩进行三从四德教育及裹脚有利于夫方降低"驯服成本"，但裹脚和三从四德教育基本都在婚前完成，女方家庭要承担裹脚后到结婚这段时间的教育投资和女孩生产力下降所造成的损失。为什么女方家庭会自愿接受这种损失呢？

在电视中，我们经常可以看到女孩母亲在给女孩裹脚时说："女孩子不裹脚，将来嫁不出去，找不到好男人，会被人家瞧不起。"而事实是，由于裹了脚的和本分的女孩的"驯服成本"较低，男方父母愿意以更高的价格"购买"这样的女孩。女孩脚缠得越细，"价格"即女方家庭能获取的彩礼就越高，教育投资及生产力下降所造成的损失也能在彩礼的提高中得到弥补。这就是女方父母自愿教育女儿三从四德和给女儿裹脚背后的经济理性。

这一点，我们可以和一些非洲国家中对女性的割礼相对应。和裹脚一样，割礼同样给女性带来了极大的痛苦。但因割礼后的妇女性快感下降，婚外出轨的收益也随之下降，也就更不需要丈夫的看管。"在婚姻市场上，这样的妇女就变得比其他妇女更有价值，会要更高的彩礼或需要较少的嫁妆……因此，人们会察觉这种做法的收益，并最终会把这种做法一般化和恒常化，成为被理解为规范的一种习惯。"(波斯纳:《性与理性》)父母对实行割礼的年轻女性的劝告同样是"只有实行割礼的女性才嫁得出去"。

一些读者可能会认为,裹小脚是从宋代才开始的,但中国历代实行的一直是女嫁男,降低婚姻内部"交易成本"的需求并不是从宋代才开始的。因此,将裹小脚作为降低女性"驯服成本"的理由并不成立。其实,经济学对这种质疑的解释是,我们可以将裹小脚作为一项"降低驯服女性成本"的技术创新,在裹脚这个现象出现之前,社会并不知道可以通过这项制度安排降低女性的"驯服成本"。当这项发源于皇宫中的技术传到民间时,一些家庭发现,裹了脚的女性不光吻合他们对于"美"的要求,而且还能降低女性的"驯服成本",减少其与外界的接触。于是,这项"技术创新"就开始在全国范围内扩散。

因此,通过彩礼和嫁女等"新娘市场"的价格机制,男方家庭将承担裹脚的全部成本,也将得到裹脚的全部收益。也正是因为裹脚给男方家庭带来的收益大于其所付出的成本,裹脚在宋初出现后不久就在全国范围内得到普及。清朝入关后的康熙三年曾出台政策禁止女子缠足,仍然不能改变这种习俗。因为在那时,裹脚的经济理性仍然存在。

为什么"裹脚"会在辛亥革命,尤其是在1949年以后销声匿迹呢?有不少学者从文化和法律的角度来说明这种现象。从经济学的角度看,裹脚合理性的丧失与中国现代工业的起步息息相关。因为在现代工业生产时代,妇女裹脚会影响妇女从事工业生产的劳动生产率。在裹脚收益不变的情况下,成本增加,裹脚这种现象就会减少。(干学平等:《现代经济学入门》)其实早在19世纪晚期,因为茶叶价格的上涨,采茶的收益,即妇女从事田野生产的收益增加,天足的采茶少女也随之增加,以致一些文人开始担心天足给社会带来危害。(安德烈·比尔基埃等:《家庭史》)

因此,是成本收益的变化,而不是其他因素,导致裹脚现象的经济理性逐渐丧失,而政权更替时法律和思想的改变在其中只是起着顺水推舟的作用。

童养媳制度盛行的历史原因

"与汝不同生,汝活吾命殂。鸠盘老形貌,努目真凶屠。"郑板桥的《姑恶》将中国历史上一个特殊妇女群体的悲惨命运描写得活灵活现。作为清代奇案之一的杨乃武和"小白菜"的故事,因"小白菜"童养媳的身份,更增添了令人同情的色彩。本文将用经济学方法分析童养媳问题。

童养媳,又称小婚,是指从孩提时抚养的媳妇,即"女婴生下来后,在她只有几周或几个月,或者一两岁的时候将其送人或卖作别家儿子的未来妻子"。(费孝通:《江村经济》)这种做法在宋代已经普遍出现。到清朝末期,婚姻中妻子是童养媳的比例大约为20%。为什么童养媳会成为中国古代尤其是宋代以后一个比较普遍的现象呢?

首先,我们来看童养媳的"价格"。由于抚养和教育女孩子的成本由男孩的父母承担,因此,男方父母购买童养媳的"价格"比购买成年新娘的"价格"要低得多。但在不存在交易成本和风险的简单世界里，在任何时点上，正常娶妻和童养媳两种选择下新娘的"价格"折现值在扣除抚养成本后是相等的。

既然童养媳和正常娶妻的"价格"相同，为什么在古代社会童养媳还会出现？原因在于存在"交易成本"和风险。

为什么女孩子的家长要以童养媳的形式嫁女呢？

第一，尽管从小将女孩送走和等到女孩长大后将其嫁走给父母带来的收益相同，但该命题存在的前提条件是女方父母具有抚养小孩的能力或可以在金融市场上筹集抚养女孩的资金。在中国古代社会，由于金融市场不发达，且存在着很强的信贷约束，人们尤其是穷人并不总能从金融市场上获取足够的育女资金。因此，将女孩送给别人做童养媳也就成为不少穷人父母不得已而为之的选择。

第二，宋代以来，买卖婚盛行。司马光对此有着生动的描述："将娶妇，先向资装之厚薄；将嫁女，先问聘财之多少。"《书仪》以嫁妆多少作为选择媳妇的标准就给有女户造成很大的经济压力，即使是高官厚禄之人也不例外。如宋神宗皇弟扬王赵颢都因"有女数人，婚嫁及期，私用不足"，不得已向皇帝兄长预借俸钱嫁女；王安石也曾以"二妹当嫁，家贫口众"为理由，数次请求辞去在朝之官而外任，以"奉养婚嫁"。连社会高层嫁女都成沉重负担，对于贫穷家庭而言，出现"妆奁致贫""嫁女破家"也就不值得惊讶了。早在后汉，陈蕃就有"盗不过五女门"（范晔：《后汉书·陈蕃传》）之说，在宋代以后更加明显。这就导致将女儿养大后出嫁的收益下降。基于此,一些历史学者就将童婚现象的产生归因于宋代婚姻先论财的风尚。常建华在《婚姻内外的古代女性》一书中这样写道:"由于婚姻论财,筹措嫁妆就成为人们的一大负担。不堪重负的人家便婚嫁失时,并导致早婚、童婚的出现,以节约婚费。"

因此,融资约束和嫁女的高成本导致将女儿养大成人的收益下降,造成宋代以来童养媳制度的盛行。

为什么男方家庭会以童养媳的形式娶妻呢?

第一,童养媳从小在新郎家中长大,更容易保证其顺从和忠诚,迫使她劳动和防止她逃跑的成本较低。据费孝通在《江村经济》中的观察,有许多从幼年起就被娃娃亲婆婆带大的女孩子,十分依附她的婆婆,就像女儿对母亲一样。特别是,如果这家真的没有女儿,情况更是如此。甚至那些受到未来婆婆虐待的女孩子,也逐渐习惯于自己的地位,在婚后不至于经受不起。因此,童养媳因从小在婆家生长,能增加与婆家成员间的默契程度,从而减少结婚后家庭内的"交易成本"。

第二,小婚结婚费用要远小于大婚。在大婚的情况下,请媒婆、了解对方情况和执行婚约等都需要支付一定的费用,而在小婚的情况下,请媒婆只是仪式,需支付的报酬要小于大婚。而在彩礼方面,一般男家在领养童养媳时,也需要支付一定的彩礼。彩礼的数量与领养时女孩的年龄有关,但一般而言要比普通婚姻低。费孝通在《江村经济》中说,在当时,大婚需要大约五百元,为一个农村家庭一年的收入,但在小婚的情况下,婚礼所需要的费用可以节约到一百元。

第三,童养媳的"经济价值"。这主要体现在以下两点。

1. 稍大一点的童养媳可以承担一定的家务。比较极端的情况是童养媳中的"女大男小"婚。男方父母为获得劳动力照顾年幼儿子并帮忙做家务,往往在儿子幼小时给其娶大得多的童养媳。电视连续剧《走西口》中的九岁的田丹丹嫁给不满周岁的梁满囤就属于这种情况。

2. 由于缺乏借钱的担保品,在家庭发生经济问题急需借钱时,童养媳常成担保品,乃至被直接出卖。

但童养媳制度也会给男方家庭带来一定的风险和损失。

第一,儿童的死亡率很高,且新娘的智商和其他生产潜力在孩提时期不容易看出。

第二,婚姻是合两姓之好,但在小婚的情况下,女方家庭和男方家庭之间的联系要小于大婚。这就减少了婚姻在互保和社会关系上的扩展功能。同时,在大婚的情况下,新婚夫妻可以得到双方亲戚不少的礼金。这些礼金使新婚夫妻有一笔钱可以用于比较迫切的消费,而把归还期分散到一生。这笔钱对于存在信贷约束的农业社会是非常重要的。但在小婚的情况下,新婚夫妻会损失女方亲戚的礼金。这会对新婚夫妻组建独立家庭产生不良的影响。

第三,童养婚不具六礼,故"辄为人所蔑视"。这会对婚姻的当事人及其家庭的社会声誉造成一定的不利影响。

小婚是男方家庭和女方家庭权衡利弊下的理性选择。与穷人相比，富人比较有能力承担养育孩子或大婚的费用，对新娘各种身体条件和家庭背景也比较重视，因此小婚的"交易"双方大多是穷苦百姓。在经济萧条时，童养媳比例的增加就说明了这一点。

"石榴花，花儿黄，十八岁大姐九岁郎。白日背郎下地去，夜晚为郎脱衣裳。想想真心伤！"鉴于不少童养媳的悲惨命运，从古到今，责骂童养媳制度的学者不在少数。但我们也无可否认，在古代特定的历史条件下，童养媳制度对社会的积极意义不容置疑。

第一，让众多的贫困家庭——包括男方也包括女方，解决了婚姻问题。从历史上看，无婚姻的流氓无产者往往是社会动乱之源。从这个角度讲，童养媳制度让大量无法娶妻的穷苦百姓娶到妻子，促进了社会和谐。

第二，避免了无数女孩落入更悲惨的境地。该制度让一些发生家庭变故的女子有了托身之所，避免进入娼门等更悲惨的事情发生。更值得一提的是，该制度为那些家庭无力抚养或不愿抚养的女婴找到了可能的生路，有效地减少了社会上的溺婴行为。这一点古人早就有了认识。有方志记载："近来无力婚嫁者，或血盆抱养，或数岁过门，礼物颇为简易，溺女之风逐息"。（《桂阳县志》）"虽于婚礼稍失，是亦救时之策也"。（余新忠：《中国家庭史·第四卷：明清时期》）溺女婴现象减少的一个良好的结果是降低了因性别比例失衡影响社会稳定的可能性。

古人早婚的原因

——从"十八相送"谈起

在越剧《梁山伯与祝英台》一个非常重要的场景"十八相送"中,祝英台一次次将她是女儿身的事表白得清清楚楚,可是梁山伯就是不明白祝英台是女的。这是否违背常识呢?在现代社会,一个着男装的女孩子,是很容易被大家发现的。古代异性间的接触较少可以部分解释这个现象,但其中最关键的原因还在于古代社会实行早婚,即在男女刚成熟时就进行婚嫁。可以设想一下当今社会年方二八的妙龄女子和刚换下开裆裤的男性结婚会是一个什么样子。当然,女性由于成熟得比较早,情窦初开,可能还知道点事情,男性恐怕还不知道儿女私情,未必会充分留意异性。这就是"妾有情"的祝英台将话说得那么清楚,而还处于懵懂之中的梁山伯就是没有反应背后可能的真正原因。

《周礼·地官·媒氏》写道:"令男三十而娶,女二十而嫁。"但在实际的执行中,"男子一般在十五至二十之间,以十六岁为主,女子一般在十三至十七岁之间,以十四岁为多"。(常建华:

《婚姻内外的古代女性》）郭松义在《伦理与生活——清代的婚姻关系》中根据清代的抽样统计，发现男女在9岁以前订婚者分别占41.27%和40.53%，而14岁以前订婚者，则分别增加到68.25%和67.56%。早婚这种现象在世界其他地方同样存在。如在古代美索不达米亚，"未来夫妻还在童年时期，婚姻就由双方家庭安排好了"。（安德烈·比尔基埃等：《家庭史》）

如此低的订婚年龄，对于现代人而言是不可想象的。在现代社会，14岁的女孩，应该在上初中，父母正预防其早恋呢！为什么在古代社会男女结婚如此早呢？本文试图从经济学的角度做一分析。

1. 在中国古代的医疗科技等条件下，即使在和平时期，一般人的期望寿命也就是40多岁，如果不早婚，就会对家庭的繁衍产生消极的影响。白居易就曾作诗说："嫁娶既不早，生育常苦迟。儿女未成人，父母已衰羸。"（《赠友五首》）如果一个人25岁结婚，40岁死亡，那么他（她）的第一个孩子最大15岁，最小的孩子可能还在襁褓之中。在以体力劳动为主的农业社会，第一个孩子通过自己劳动还有可能生存下去，但要养育一堆年幼的弟弟、妹妹就不可能了。如果男女是在15岁结婚，那么，在其40岁左右离开人世的时候，其孩子中年长的兄弟就能承担起抚养幼小弟弟、妹妹的重任。在中国，"长兄如父，长嫂如母"是一句经常听到的话，说的就是这个意思。

2."食色,性也。"(《孟子》)韦斯特马克认为:"婚前贞洁与否,在很大程度上取决于缔结婚姻时的年龄。"在其名著《人类婚姻史》中,他列举了大量例子说明,为保证结婚时女性是处女,在许多民族,男女刚到青春期就结婚。波斯纳也认为,"中世纪的罗马天主教会为了减少自慰、未婚私通以及同性恋的发生,就鼓励人们早早结婚",而现代社会男女婚前同居人数的增加也和结婚晚密切相关。(波斯纳:《性与理性》)作为一个强调"女贞"的社会,中国古代实行早婚的另一个重要原因也应该是保证婚前女性的贞洁。李银河就认为:"从生理方面讲,既主张晚婚又严禁婚前性接触是不人道的,也是缺乏可操作性的。"每年寒暑假,各大医院出现的大中学女生流产潮也在一定程度上说明结婚年龄推迟对青少年婚前性生活的影响。潘绥铭和杨蕊2004年在《性爱十年:全国大学生性行为的跟踪调查》中的数据表明,超过20%的大学生有过婚前性生活,而其中7.6%发生在上大学前。

3."女孩在学校中受教育的时间越长,她们早婚的可能性就越小。这是因为婚姻对时间的需求会和她们的学业成绩发生冲突。"(大卫·切尔:《家庭生活的社会学》)在古代农业社会,女性主要从事家务劳动。她们从事的这类生产活动不需要大量的人力资本投资,她们受的教育也以母亲的家庭教育为主,教育期限较短,婚姻不会对女性的人力资本投资造成伤害。这就使教育对结婚年龄的挤压作用微乎其微。对于从事农业生产活动的男性劳动力来说,同样如此。但对于参加科举考试的男性而言,教育就会对结婚年龄产生挤压。

因此,参加科举考试的男性初婚年龄要较一般的男性初婚年龄大。(张国刚:《中国家庭史》)

4.在古代中国农业社会,不到10岁的小孩子就能帮家里干活,十几岁的男孩已经成为家里的壮劳力。因此,家庭中人口众多不仅同家庭财富联系在一起,而且能够扩大家庭在农业社会中的势力,提高家庭的社会地位。"男子十六精通,女子十四而化,是则可以生民矣。"(《孔子家语》)为刚具备生殖能力的孩子娶妻生子是父母实现家庭跨期收入和财富最大化的理性选择。

具体而言,现代社会以前的人类婚姻多为以生育为主要目的的非伴侣婚姻。对于女性而言,生育力是其最重要的资产。刚进入青春期的女性因生育时间较长,男方父母愿意出的"价格"也较高。对女方父母而言,此时将女儿嫁出,获取的聘礼最多。"年轻姑娘在很短的时间跨度里结婚,因为她们被看成盛开的花朵或熟了的果子,应该在十分短暂的最好的季节采摘。"(伊沛霞:《内闱:宋代的婚姻和妇女生活》)因此嫁娶刚进入青春期的女性吻合男女双方父母的经济理性。

与此同时,刚进入青春期的男女并没有形成自己完整的婚恋思想,反抗父母安排婚姻的能力也较弱,有利于父母以最有利于家庭的方式安排子女的婚姻,以免子女对感情和异性容貌的强调伤害家庭利益。与此同时,年轻的女性在嫁入丈夫家时,生活习惯等也没有完全定型,公婆可以代替其父母进行家庭教育,降低其进入新家庭的"交易成本"。

5. 在古代社会，对国家而言，人口同样是最重要的资产，即人口对国家具有正的外部性。因此，中国历朝历代鼓励人口生产，甚至用税收惩罚晚婚。汉惠帝为促进人口增加以扩大赋税、力役来源，令民"女子年十五以上至三十不嫁，五算"（《汉书·惠帝纪》）。"五算"是一般百姓无法承受的负担，迫使百姓不得不尽量早婚。而国家为推动人口增长，甚至规定如果男性或女性超过一定年龄还没有结婚，政府将强行其婚配。晋武帝曾下诏令："女年十七父母不嫁者，使长吏配之。"（《晋书·武帝纪》）因此，中国古代的早婚也与政府政策的推动密切相关。

早婚会对生理还没有完全成熟的女性的身体造成一定的伤害，也会对生养小孩的质量造成一定的负面影响。早在汉代就已经有人认识到这个问题。王吉就上书汉宣帝称世俗婚嫁太早："未知为人父母之道而有子，是以教化不明而民多夭。"（《汉书·王贡两龚鲍传》）但早婚的成本与收益相比小得多，所以早婚成为前现代社会的共同选择。

在现代社会，婚恋从非伴侣婚转变为伴侣婚，父母之命被自由恋爱所代替。自己选择未来的伴侣需要一定的阅历、判断能力和经济实力，使得男女的结婚年龄推后。又因学校教育能有效提升女性未来的生产力、提高新娘的"价格"，学校教育产生了对结婚年龄的挤压。这些因素均使现代社会的婚恋年龄提高，早婚也就退出了历史舞台。

男人不止一面

一个开店做小本生意的老板,以对客户态度和蔼而为大家所称道,生意也是非常红火。突然有一天,他的老婆竟向大家诉说自己已遍体鳞伤,诉说丈夫对她的粗暴。尽管有身体上的伤痕累累作为证据,但周围的人对从不对外人发火的小老板会是一个家庭暴力的实施者这一点还是将信将疑。那么,我们是否应该相信其妻子的哭诉呢?

电视剧《不要和陌生人说话》中的医生安嘉和,在外人面前温文尔雅,对妻子却实施家庭暴力。这种"男人不止一面"现象是否具有普遍性呢?其实在日常生活中,我们经常可以看到男人的两张脸。

我有一个姨父,属于事业有成的人,办事热心,肯帮忙,因脾气好而在周围有非常好的口碑。但是,我们都比较怕他,因为他在和我们接触时,总是板着一张脸。有一次,我问我姨妈:"为什么姨父见我们时总是板着一张脸?让大家觉得很害怕。"姨妈的回答是:"他就是这样。"

如何看待男人的两面性呢？经济学告诉我们，男人这种两面性是其在不同约束条件下的理性反应。

由于自然禀赋不同，个性之间存在着差异，每个人控制情绪的能力有强有弱。但控制情绪需要付出成本，会造成心情压抑甚至心理疾病。这是一个显而易见的事实。与此相对应的是，冲动的收益就是不存在控制情绪的成本，冲动的成本则是人际关系等方面的损失。不少人感觉自己在冲动时脑子一热，什么事情都干出来了。其实，理性的影子还是深深地埋在冲动之中，因为每一次冲动的形式、程度等均与冲动的成本收益密切相关。

当你觉得忍无可忍、无须再忍时，控制情绪的成本变得无限高，冲动的收益也同样处于无限高的水平，权衡的结果当然是任由情绪宣泄。当然，随着情绪的回落，冲动的人往往出现后悔、懊恼等情绪。但是，这并不意味着在情绪爆发之时，当事人是不理性的，毕竟事后诸葛比较容易。不同的人与自己有不同的关系，人际关系出现裂痕时的损失也就不一样。这意味着相似的冲动在面对不同人时存在着成本差别。基于成本收益的考虑，人们在冲动时会体现出程度的差别。

你可以向你的同学发火，但在面对导师时，你只能老老实实；你可以向"县官"表达你的愤怒，但你一般不会向"现管"做出同样程度的表示，除非你已经做好了离职的准备。

男人在家里和在单位中的不同表现正是冲动成本差异的体现。

在传统家庭中，女主内、男主外，女性在家庭内劳作，男性在外面工作。女性缺乏在社会上独立生存的能力，在经济等方面对男性具有很强的依赖性，即使男性对女性的态度十分恶劣，女性也无法脱离男性而独立生存。因此，男性即使对女性脾气不好，乃至施加家庭暴力，女性也无力脱离男性。这就使男性对女性发火的成本很低，即控制情绪的收益很低。男性对子女与对妻子的情况相似。

男性在社会上如果对其他人控制不了情绪，后果会很严重：对于工作的男性而言，他们可能会丧失上升空间，乃至失业；对于做小本生意的男性而言，他们所面临的是一个近乎完全竞争的市场，自己的态度不好会造成客户的流失，会给男性及其家庭造成不可弥补的损失。因此，男性对同事或客户发火的成本很高，即控制情绪的收益很高。

因为控制情绪的成本收益差异，在家人面前做爷而在社会上做孙子也就成为不少男性的理性选择，甚至一些男性将其在社会上受到的压力转移到家人身上。用经济学专业术语来说就是，男性在家庭中和社会上面临的市场结构不同。在家庭生活中男性面临的市场是近乎垄断市场，而在社会上面临的市场则是近乎完全竞争市场。在垄断市场中，其所提供服务的品质（包括脾气）稍差，并不会导致客户（包括家人）的流失；而在完全竞争市场中，其所提供的服务品质（包括脾气）稍差，就会导致客户大规模流失。在品质投资需要付出成本（包括控制情绪的成本）的情况下，在两个市场上提供不同品质的服务（包括脾气）也就成为服务提供者的理性选择。

但值得注意的是，男人的两面性并不意味着男性不爱和不关心妻子或家人。它所反映的仅仅是控制情绪的成本和收益而已。一个男人对其母亲的解释就说明了这一点："在外面，我是为了工作。我跟老板喊，老板会辞了我；我跟客户喊，生意就谈不成了；我要挑同事的毛病，他们就会在背后说我的坏话。没有办法，我只能当老好人！妈，要是回到家也只能说好话，我会疯了的！"（黄昏后：《有一个人你可以得罪》）

随着女性在外工作机会的增加，经济独立性的增强，女性离开脾气不好的男性的成本降低。我们可以预期的是，女性的多面性会随之增加，而男性的多面性则会随之减少。

出轨与婚外情

（一）出轨的原因

20世纪60年代，美国著名性学专家金西博士的研究表明，26%的女性、50%的男性有过婚外性行为。20世纪80年代，盖哈德博士的研究表明，35%—40%的女性、50%的男性有婚外性行为。我国的相关研究也表明，婚外性行为尤其是城市男性的婚外性行为，正在快速增加。（王纪芒：《婚外情面面观——一个社会学的实证研究》）因此，出轨已经成为社会科学研究的重要课题。

出轨、婚外情和"包二奶"等已经成为威胁中国现阶段婚姻稳定的重要因素。《花样年华》《手机》《中国式离婚》等影视剧就说明了这一点。

出轨是指婚姻当事人中的一方与合法婚姻对象之外的异性发生性关系。尽管电影《廊桥遗梦》将一个妇女的出轨过程和心理描写得令人感动，但是，在几乎所有国家，婚外情即使不被视为洪水猛兽，也为法律所限制和道德舆论所谴责，如泰格·伍兹的出轨就让其名誉扫地。在这里，我不对出轨做道德上的判断（因为这个社会从来不缺乏道德说教者），而是分析与出轨有关的一些问题：为什么会出轨？男性和女性谁更容易出轨？男性和女性谁更能容忍出轨？

"钻石级"男人和一般男人或女人出轨的原因存在很大的差别，所以我们应该对这两者进行区别分析。

对于那些"钻石级"男人而言，他们能够养得起很多的女性，而且他们的财富对不少女性也具有很强的吸引力。因此，他们周围从来不缺乏女性。在一夫多妻的社会里，他们是一夫多妻的实践者。在法律禁止一夫多妻的情况下，他们采取"包二奶"、婚外情等形式继续在百花丛中过日子。对于他们而言，出轨的成本很低，出轨行为也就较多——需求定理而已。在中世纪的欧洲，宗教禁止一夫多妻，导致情妇在贵族圈里盛行——这只是其中的一个例证。

但这些人无论在古代还是现代，毕竟属于少数。下面分析一般男女的出轨行为。

常言说："孩子是自己的好，老婆是别人的好。""家花没有野花香。"随着婚后男女开始一起生活，恋爱时期的浪漫和美好的想象开始变成日复一日的单调生活。男女双方在婚前没有注意到或没有表现出来的一些缺点在婚后逐渐暴露，甚至被主观放大，而一些优点则常被忽视。在妻子眼中，丈夫对自己悉心照顾，给自己做饭洗衣服是理所当然的事情,但丈夫赚钱少是一个很难容忍的缺点。而对婚姻之外的异性,因没有与其在一起生活,则往往只看到其优点而忽视其缺点。钱锺书在《围城》中这样写道:"狗为了追求水里面骨头的影子,丧失了到嘴里的肉骨头!跟爱人如愿以偿地结了婚,恐怕那时候肉骨头下了肚,倒要对水怅惜这不可见的影子了。"婚姻当事人因缺乏对另一半的正确评价,容易放弃肉骨头,去追求水里的影子。

与这种情况比较相似的是,婚姻的一方对另一方的某种品质有着特别的偏好,而因为婚前信息不全,婚后发现自己的配偶并不具备这种品质,不少人就会从婚外异性中去寻找这种品质以满足自己的偏好。最有名的就是查尔斯王子的故事。他在家中有绝世佳人,结果却与一个在其他人看来和戴安娜王妃不是一个重量级的女性偷情,且最终让戴安娜以悲剧收场。尽管看上去如此不合常理,但如果我们从查尔斯王子需要一个知音倾诉衷肠,而戴安娜并不是一个合格倾听者的角度去理解查尔斯王子偷情的理由,可能也会理解王子的苦衷。

边际效用递减,长时间的共同生活使夫妻双方产生婚姻疲惫感则是出轨发生的另一个重要原因。婚姻就是牵手。随着时间的推移,夫妻之间的牵手变成了左手拉右手。婚姻能提供稳定的生活,但婚姻不能提供持久的激情和浪漫。寻求婚外刺激的想法也会伴随婚姻疲惫感而产生。罗素在《婚姻革命》中就这样写道:"他们也许会深深地相爱，而且在若干年里只钟情于一个人。但是性的爱抚迟早会失去热情的锋芒，于是他们就开始在别的地方寻求那原有的冲动。"在电影《廊桥遗梦》中，弗朗西斯卡伴着丈夫和一儿一女过的单调而清寂的乡村生活是其与罗伯特发生婚外恋情的重要背景。四天，仅仅是四天的时间，这段恋情让弗朗西斯卡永远难忘。双方在婚外恋的激情还没有消退，对方的缺点还没有暴露之前就分手，留下的只有偷情的快感。对此，周国平在《爱的五重奏》中有着深刻的描述："人们往往把未知的东西和难以得到的东西美化、理想化，于是邂逅的新鲜感和犯禁的自由感成为性爱快感的主要源泉。"

男女的"黄金时段"是不同步的。对于女性而言，青年时期是其黄金时段。因生理原因，到中年时她们的美貌、身材等品质都开始快速衰退。男性的黄金时段则为中年，这时其风度、事业、财富、经验等达到最高点。事业有成的中年丈夫，在社会上面对的是一个个处于黄金时段的青年女性，而回到家里面对的则是处于衰退期的妻子，何去何从？婚约在此时保护着处于中年期的女性的利益。因为解除婚姻的成本很高，不少事业有成的男性就会选择通过婚外恋等形式突破婚约限制，实现其在特定年龄段（中年）在"婚恋市场"上的等价交换。

虽然不少家庭男女在一起生活的净收益已经为负，但因离婚需要支出大量的成本，该成本仍大于一起生活的收益，以出轨代替离婚也就成为这些家庭中男女双方最隐涩的选择。具体而言，婚外情作为离婚的替代品，离婚的"价格"（代价）越高（如离婚条件严格，需放弃的东西较多等），婚外情也就越多。也正是基于此，经济学家推理出"严格离婚条件将增加婚外情的数量"的结论。恩格斯在《家庭、私有制和国家的起源》中也认为，在天主教会禁止离婚的背景下，"丈夫方面是大肆实行杂婚，妻子方面是大肆通奸"。

因此，边际效用递减、男女"黄金时段"的不同以及离婚的高成本等均可能是夫妻一方或双方出轨的可能原因。

（二）哪一方更容易出轨

张爱玲曾经说过："正经女人虽然痛恨荡妇，其实若有机会扮个妖妇的角色的话，没有一个不跃跃欲试的。"（张爱玲：《谈女人》）但心理学、社会学等学科的研究表明，与女性相比，男性无论在精神上还是在身体上都更容易出轨。根据生物社会学家估算，在一个稳定的群体中，六分之五的女子是忠诚型，但只有八分之五的男子是忠诚型。（陈蓉霞：《女人天生是第二性？》）而潘绥铭等人在1999年针对中国人的大型性调查发现："男性已婚者中有过婚外性行为的人达到21.2%—22.5%。可是在女性已婚者中却少大约16个百分点。从发生的可能性来看，男性是女性的4—7倍。"（潘绥铭等：《当代中国人的性行为和性关系》）前述生物社会学家的研究数据也说明了这一点。

在现实生活中，我们经常发现女性对男性的出轨一般比较容忍，"哪有不偷腥的猫"成为不少女性的口头禅。而男性则对女性的"红杏出墙"容忍度较低。"传统上一直认为，妻子通奸是比丈夫通奸更严重的违法。"（波斯纳：《性与理性》）一项针对前工业社会的统计也表明，74%的社会不容许婚外性关系，26%的社会对男女有双重标准，即只准男性有婚外性行为，不准女性有此类行为。（王纪芒：《婚外情面面观——一个社会学的实证研究》）

造成两性出轨行为差异和对出轨容忍度差异的原因是什么呢？

1. 繁衍后代的成本差异是男性较女性更容易出轨的原因。同样是繁衍后代，男性投入的仅仅是遗传基因，女性的投入则至少包括十月怀胎和婴儿出生后的母乳喂养。因此，一个私生活随便的男性，在一年内可以让很多的女性怀孕，但一个私生活随便的女性，一年之内也只能生育一胎。"乱交对妇女风险更大，这不仅因为乱交可能使她对求爱者不加区别，而且因为男子不情愿保护一个可能怀上其他男子的孩子的女性。"（波斯纳：《性与理性》）"男性在自己基因的再生投入方面有着非常低的成本，因此有不断更换伴侣的动机。"（塞缪尔·卡梅伦：《七宗罪的经济学》）所以，花心和出轨对男性繁衍后代有利，但对女性影响有限。进化的结果就是男性较女性更不容易经受住婚外异性的诱惑。"男子的放荡——和尽可能多的女子发生关系，以及女子的贞洁——不愿意轻易背离配偶，

在生物社会学家看来,只是一种生物学上的本性。"(陈蓉霞:《女人天生是第二性?》)

2. 男性和女性出轨对对方造成伤害程度的差异决定了两性对出轨容忍度的差异。既然男性比女性更容易出轨,那么女性出轨对婚姻的伤害要大于男性出轨对婚姻的伤害。一个结了婚的男性被一个女性吸引的原因可能仅仅是该女性不是自己的妻子,而一个结了婚的女性被一个男性吸引的原因可能是该男性可以为自己和小孩提供更好的保护,是一个更好的丈夫。因此,妻子的出轨对婚姻的威胁更大,丈夫也更难容忍妻子的出轨。

更重要的是:男性的出轨不会造成女性养错小孩,而男性丰富的生殖资源也保证了男性出轨不会造成妻子没有后代的现象,最多就是男性出轨所产生的婚外子女摊薄自己和自己小孩的生存资源。与此相反,女性出轨则可能会造成男性养错小孩,甚至使丈夫没有真正的小孩,从而破坏父系财产继承制度。因此,对婚姻的双方而言,在基因适应性上,男性出轨对女性造成的伤害要小于女性出轨对男性造成的伤害。

正是这种伤害程度的差别,造成了女性对男性出轨比较容易容忍,而男性难以容忍女性出轨的现象。这一点在基因技术发展起来之前表现得更为明显。波斯纳就这样写道:"男子的性嫉妒要比女子的性嫉妒更为强烈。男子的性嫉妒是适者生存的反应,因为它减少了男子协助复制一个其他男子的基因的可能。"(波斯纳:《性与理性》）这种容忍度的差异进一步拉大了男性和女性出轨的成本差异，成为男性较女性更容易出轨的重要原因。这也反映在出轨后被配偶知道的比例，男性要远大于女性。

3. 女性对于男性的不同出轨行为也有着不同的反应。就现代社会而言，不少的女性对于男性偶然的出轨，如嫖妓等容忍度要大于"包二奶"和找小三，因为前者至多损失一点金钱和承担一定的性病风险，而后者则可能会因小三逼婚造成婚姻破裂，或非婚生子造成对自己和小孩的资源挤压。

男女生理上的差别，加上男性和女性因出轨而离婚产生的成本差异，如离婚后的男性比女性更容易再婚，离婚后女性会丧失丈夫积累的人力资本等，造成男性和女性在出轨发生的概率上有着明显的差别。

然而，养育小孩需要男女双方的通力合作。一个容易出轨的男性在"婚恋市场"上不会受到渴望其照顾自己和小孩的女性青睐，也不利于其家庭的稳定。这就对他的基因的延续造成了不利影响。因此，男性在出轨时，一般会选择对家庭伤害最小的形式，如以"不做承诺"作为选择出轨和婚外情对象的基本条件，而相对不重视女性的其他条件，如魅力、健康等。

男性从生物学意义上说更容易出轨，但这并不意味着他们一定会出轨。这是因为他们出轨与否还要看他们对出轨的成本与收益的权衡。男性尽管出轨的成本低于女性，但也未必会低于其出轨的收益。毕竟出轨可能会导致家庭解体，使自己和（或）家人染上性病，以及给自己带来社会声誉方面的损失。

（三）出轨男女越来越多

在现代社会，我们可以发现与出轨有关的下述两个现象。

第一，整个社会的出轨率大幅上升。这一点在一些社会学调查中均有发现。

第二，尽管女性总的出轨率仍低于男性，但女性出轨率上升的速度要明显快于男性。黄盈盈和潘绥铭在《21世纪我国女性的多伴侣性行为变迁之分析》中公布的"中国成年女性的多伴侣自报发生率"数据表明，2000年处于婚姻状态（包括初婚和再婚）的女性自报多伴侣发生率上升到31.8%。

经济学中的需求定理这样认为：假定其他条件不变，价格（代价）越高，需求越少。现代社会出轨率增加是对出轨行为约束减少，即出轨代价下降的结果。这主要表现在下述几个方面。

1. 出轨逐渐无罪化。在古代中国，丈夫有权对出轨的妻子和奸夫实施死刑。在中国计划经济时代，个人无私事，出轨行为会对个人的前途等造成非常不利的影响。而在现代社会，出轨逐渐由法律问题变成个人道德问题，社会舆论对出轨也日益宽容。从"私通"到"出轨"，描述婚外恋的词语逐渐中性化，社会舆论甚至会对一些在婚内生活不愉快的男性或女性的出轨行为持同情态度。出轨的非罪化降低了出轨的代价，出轨行为也随之增加。

2. 出轨机会增加。在前现代社会，"男主外、女主内"是家庭内分工的常态，女性的活动领域被限制在家庭之内，很少有发生婚外情的机会和环境。如在张择端的《清明上河图》中出现的人物除四位是女性外，其余皆为男性。在婚外男女接触很少的社会中，男性又像防盗一样防着女性出轨，女性出轨的可能性就更小。但在现代社会，随着第三产业的发展，女性的就业逐渐从家庭内劳作转向那些涉及外出工作的职业，婚外男女接触的机会大量增加，保证男女授受不亲的成本也随之上升，出轨的机会较以前大大增加，出轨的概率也大大提高。

3. 在古代社会，因避孕技术有限，出轨经常因怀孕而暴露。但在现代社会，随着避孕技术的进步，除非是刻意追求，意外怀孕的现象大为减少，出轨暴露的概率也随之降低。对此，波斯纳在《性与理性》中就这样写道："在避孕技术被广泛运用之前，性交和怀孕密切联系在一起，对怀孕的恐惧足以阻挡女性把性作为一种乐趣来享受。现在避孕技术的应用，使性交和怀孕彻底分离，女性再也不用担心性交会带来怀孕。这些都大大地刺激了非婚性行为与婚外性行为的增加。"而且，避孕技术的进步也间接地减少了"女性对男性的依赖（这种依赖是因连续怀孕造成的），因此也就减少了女子以允诺保持贞洁来换取男性供养的激励因素"。

4.在古代社会,因交通条件的限制,个人生活圈子有限,出轨后被发现的概率很高。但在现代社会,随着交通和网络的发展,男女接触的范围扩大,实施婚外性关系的成本降低,以网络为媒介的网恋和"一夜情"等被发现的概率尤其小。据《广州日报》2010年12月15日报道,美国婚姻律师学会的一项调查表明,著名社交网站脸书已经成为婚姻的破坏者,美国20%的离婚案件与其有关。英国一家法律公司2009年的一项调查也显示,20%的离婚案件是由脸书引发的。现在,包括脸书在内的社交网站已经成为所有离婚案件中最主要的婚外情取证来源。

5.在非伴侣婚的条件下,婚姻大多建立在夫妻乃至双方家庭经济互利的基础上,出轨意味着经济互利关系的破裂,会对夫妻乃至双方家庭造成很大的伤害。而在伴侣婚的条件下,爱情在夫妻关系中起着越来越重要的作用,但以爱情为基础的婚姻存在着爱情消退的问题。当某一男性或女性周围出现一个自己更爱而且对方也更爱自己的人时,出轨是道德的还是不道德的呢?因此,现代社会以爱情为基础的伴侣婚姻会比传统社会以利益为基础的非伴侣婚姻有着更大的出轨可能性。

6.性的需求是人的本性。在古代社会,男女在性刚成熟时就结婚,性的需求大多在婚姻内解决。而现代社会一个重要的特征是男女结婚年龄提高,处于妙龄的单身青年男女会采取种种方式解决性问题:婚前同居是一种,和已婚的男女发生婚外情则是另外一种。

因此，单身男女的增加扩大了"婚外情市场"，也提高了婚外情发生的概率。

现代社会流动性增强也是婚外情增加的重要原因。在传统社会，除经商等个别职业外，社会流动性不强，很少会出现夫妻长时间分开的情况。但在现代社会，社会流动性增强，夫妻可能长时间不在一起，不少男女会通过婚外途径解决性问题。在中国，近几年留守妇女的婚外恋和婚外性关系成为社会学等学科关注的重要问题。

7. 婚姻的本质是男性和女性之间的"交易"，即女性通过"贞洁"换取男性对女性及其子女的保护和经济支持。因此，在传统社会，男性在外面有婚外性关系的现象较多，而女性在外面有婚外性关系的现象则相对较少，社会对男性的"贞洁"要求较低而对女性"贞洁"要求较高。在现代社会，女性大规模地从事市场劳作，在经济上取得独立地位，对男性的依赖下降，即女性已经基本上不需要通过"守贞"来换取男性对自己和小孩的经济支持。对此，波斯纳在《性与理性》中这样写道："在保护妇女和儿童方面，男子扮演的角色越大，社会就会越强调女子的'贞洁'，因为除非男子确信他们保护的是自己的孩子，他们才愿意扮演这一角色。如果妇女不需要男子来保护自己和孩子，她们就无须对男子的这种偏好做出让步。"这就意味着随着女性走向社会，女性发展婚外情的成本也快速下降，而且下降的速度要快于男性。

8. 在传统社会，社会保障体系不完善，保险有赖于家庭内部保险，女性对男性依赖度非常高。而在现代社会，随着社会保障体系的完善，社会已经在很大程度上取代了家庭中丈夫和父亲的角色，女性通过社会保障体系脱离了对丈夫的经济依赖。从这个角度说，女性也已经不需要通过"守贞"来换取丈夫的经济支持，女性发生婚外情的成本下降。不仅如此，社会保障体系的完善对男性的婚外性行为的增加也起着明显的促进作用。波斯纳在《性与理性》中就这样写道："特别是在一个有社会安全网络来保证没有父亲抚养的孩子得以存活的社会中，一个男子的最佳生育策略也许是把自己的有限资源用来抚养他的合法孩子，同时又生一些自己完全不抚养的非婚生子女，甚至把自己的所有生育资源都用于非'婚恋市场'，并且把他必须承担的抚养子女的全部负担转移到纳税人身上。"因此，社会保障体系的完善与男性和女性的婚外性行为之间存在着明显的因果关系。

9. 中国现阶段的男女比例失衡降低了女性出轨的成本。在男女比例失衡的情况下，男性尤其是处于社会底层的男性能娶上老婆非常不易，而且在其周围又有大量的可代替自己的同性，因而对于女性的出轨行为，他们往往睁一只眼闭一只眼，以防止婚姻关系破裂给自己带来更大的伤害。

因此，在现代社会，女性大规模地走向市场和社会保障体系的完善，造成了女性对男性的依赖下降，女性不再需要以"贞洁"换取男性对自己和孩子的经济支持，加上社会对婚外恋的日趋宽容和信息与交通成本的降低，使婚外恋现象日趋增加。相对于男性，女性出轨的成本下降得更多，因此，女性出轨率的上升速度要快于男性。

尽管从偏好的角度看，"并不是我认识的每个人都有过婚外情，而是每个人都想尝试"（史蒂芬·贝利主编：《两性生活史》），但是否发生婚外情取决于现实约束。在现阶段，婚外情不断增加是婚外情成本不断下降促成的结果。在《两性生活史》中，史蒂芬·贝利同样直率地指出："现在，婚外情不再受制于历史流传下来的严格道德规范的约束，而是可以用天平来衡量，可以根据是否有利可图而为。"

关于离婚

（一）离婚的原因

离婚率越来越高这个现象引起了社会广泛关注。以中国为例，1990 年，有 951 万对夫妻结婚，有 80 万对离婚；1995 年，这两个数字分别变为 934 万对和 105 万对；2000 年，这两个数字已经变为 848 万多对和 121 万多对；2008 年的比例则更为惊人，结婚为 1098.3 万对，离婚则为 226.9 万对。而根据民政部的数据，2011 年第一季度，中国有 46.5 万对夫妻离婚，较上年同期增长 17.1%，平均每天有 5000 多个家庭解体。北京和上海的离婚率已经超过 33%。

明明拥有最亲密的关系，为什么会有越来越多的人选择快速完成婚姻三部曲（相敬如宾—"相敬如冰"—"相敬如兵"）呢？

理性的个人总是在既定的约束下，尽可能地选择最合适的婚配对象，以实现婚姻效用的最大化。只有当情侣二人权衡组建家庭的成本与收益，得出结婚的总收益大于总成本时，才会最终做出结婚的选择。为什么不少经过理性选择的婚姻当事人会在婚后做出离婚的选择呢？这是否意味着当事人最初结婚的选择是非理性的呢？

经济学认为，人们结婚是为了取得结婚的收益，离婚是因为他（她）发现结婚所取得的收益小于婚前预期。这就可能使继续保持婚姻成为得不偿失的行为。因此，离婚和结婚均基于当事人的理性选择。

为什么结婚所取得的收益小于预期呢？

第一，不完全信息。人们结婚是为了取得合作的利益，但结婚也要承担家庭内合作的成本。人们在结婚前，是否结婚的考虑是基于现有信息下结婚的成本和收益的考虑。而在信息不完全的情况下，现有信息并不足以保证人们预期的结婚收益能顺利实现，"孽缘"或者不幸的婚姻也随之产生。造成信息不完全的因素有以下几种。

1. 尽管人们在结婚前会对结婚对象进行大量的调查——约会和婚前同居等就是了解对方的方式，但婚前得到的信息不一定准确，且对方的一些隐性特征无法通过婚前约会和相处得到，如一方有隐疾等。与此同时，在婚恋"交易"过程中，男女双方通常会竭力向对方展示自己的优点，隐瞒自己的缺点，如一个脾气很暴躁的人会在恋爱时表现出足够的温柔和耐心，从而使对方得到的信息失真。

不少人看过电视连续剧《不要和陌生人说话》。作为女方，事先根本就无法想象一名受人尊敬的医生，一个文质彬彬的男人，竟然是一个关起家门打断妻子肋骨，打死未出生孩子的家庭暴力实施者。

2. 没有信息是免费的。在寻觅最佳配偶的过程中，需要花费时间、精力和其他昂贵的资源。寻觅的时间越长，花费的成本就越高，从婚姻中得到的好处就越少。一个理性的人会通过两条途径来寻找更好的配偶：一条是对新增候选人的"边际扩张"，另一条是对自己感兴趣的候选人增加信息的"边际深化"，直到边际成本与边际收益在边际上相等为止。而当一个理性的人通过边际寻找最终发现并确定了较好的候选人时，他（她）就会选择结婚，因为在此时，继续寻找的边际成本会超过边际收益。但最优的信息并非等于完全信息，按最优信息确定的结婚对象也许并不是最优的。（贝克尔：《家庭论》）

3. "婚恋市场"上的道德风险。一个在婚前既不喝酒又不抽烟的好男人，可能在婚后觉得老婆已经到手了，变得既喝酒又抽烟；一个婚前淑女，可能在婚后就对自己的穿着打扮不在意了，或者在言语行动上没有那么温柔体贴了。

从现有的数据看，结婚后的前五年是婚姻的危险期，原因就在于婚前无法了解的信息经过几年的婚姻生活后开始显露。基于此，贝克尔认为："婚后不久就出现的婚姻破裂，主要是由于婚前市场信息的不完全性以及婚后信息的充分累积造成的。"（贝克尔：《家庭论》）因此男女因不了解而结婚，因了解而分手。

但在随后,婚姻就进入稳定期,原因部分在于信息不完全问题在五年的时间内基本上可以解决,要离婚的人已经离婚了。另外一方面,婚姻的收益在五年以后一般也开始上升,如共同的孩子和社会交往圈等。

第二,夫妻双方条件的变化。我们知道婚姻的目的是取得合作的利得。当夫妻中一方的条件发生很大变化的时候,合作的利得就会下降,人们就会考虑离婚以重新寻找伴侣或保持单身的成本和收益,以确定要不要离婚。中国的古话"夫妻本是同林鸟,大难临头各自飞"讲的就是夫妻双方条件变化对婚姻关系的影响。《诗经·邶风·谷风》就这样写道:"昔育恐育鞫,及尔颠覆。既生既育,比予于毒。"意思是:想当年常怕没衣食,我们一起共渡难关;如今丰衣又足食,你却把我当害虫。

值得强调的是,男性和女性的婚姻黄金期并不相同。女性在二十岁左右达到个人容貌等方面的最高峰,随着年龄的增加,个人"品质"也逐渐下降,对男性的吸引力也随之下降。而男性的成熟期较晚,一个中年成熟男性对小其一代、二代乃至多代的女性存在异乎寻常的吸引力。因此,即使在一开始夫妻双方是对等的情况下,随着时间的自然推移,双方也会变得不对等,女性的新对手"小三"就会及时出现。在此时,除了小孩等资产专有性投资外,婚姻契约的存在同样有效地保护了在婚姻关系中愈来愈处于弱势的女性的利益,增加了男性离开妻子的成本(毕竟离婚要花费大量的时间、精力和金钱),减少了男性的始乱终弃行为。但这并不意味着始乱终弃行为不存在。

女性自身条件的变化也改变着婚姻的收益,进而对婚姻和家庭的破裂造成不利影响。"女性的工资通常比男性低,妻子工资上升(假设丈夫的收入不变),反而会减少家庭婚姻内部劳动分工所带来的收益,并且增加了婚姻破裂的可能。"而且,"女性工资的提高使得她们独立生活和婚外抚养子女的能力显著上升。因此,在那些婚姻并不幸福美满的女性中,高收入的潜力者更容易解除婚姻"。(苏珊娜·格罗斯巴德·舍特曼主编:《婚姻与经济》)

第三,边际效用递减。用牵手来形容夫妻关系,是一种很好的创意。但牵过手的人会发现,随着时间的变化,牵手给我们带来的感觉也在发生变化。男女第一次牵手,特别激动;第二次牵手,激动;第三次牵手,稍微激动;第 N 次牵手,无动于衷,左手牵右手。这其中所包含的经济学原理是边际效用递减规律。

对于婚姻而言,夫妻的相处会由最初的激情转化为日复一日的平淡生活,"月光和玫瑰变成了日光和盘子",婚姻给个人带来的主观上的效用也会随之下降,七年之痒也随之产生。电影《手机》中的一句台词反映的就是这一点:"二十多年都睡在一张床上,确实有点儿审美疲劳。"如果夫妻双方没有用心和新的理念去经营婚姻,婚姻总收益就会下降,下降到一定程度就可能导致婚姻的破裂。

第四,婚外恋。无论男女,对异性的感情总是处于不断变化的状态。人的生物本性是花心的,婚外恋也就成为婚姻不得不面对的问题。在古代非伴侣婚中,婚外恋,只要不涉及婚外性关系,对婚姻关系基本不产生任何影响,尤其是男性的婚外恋更是如此。因为那时人们结婚的基础并非爱情,而是经济利益。在现代社会,婚姻形成的基础是爱情,当男性或女性发现自己与婚姻之外的异性之间的感情超过配偶时,是维持现有婚姻还是离婚后与自己更爱的异性结婚成为随之而来的两难选择。因此,婚外恋也就成为现代社会婚姻不稳定的重要原因。

综上所述,婚姻破裂的原因在于夫妻彼此传递了关于自身或婚姻的新信息,或者新的机会出现在现有婚姻关系之外。

值得注意的是,与结婚一样,离婚同样需要付出成本,夫妻离婚的决定同样是由离婚的成本和收益决定的。当重归独身或另行婚配的预期收益大于离异的成本(包括产生骨肉分离、家庭财产分割、法律费用支出及其他如时间损失等)时,已婚者将终止他(她)的婚姻。因此,即使婚姻的收益已经为负,但只要其负的收益大于离婚的成本,夫妻双方仍然会维持收益为负的婚姻。

有无小孩、离婚法律法规、夫妻双方工资甚至离婚时的宏观经济现状等影响着离婚成本,也影响着离婚率。

(二)离婚的人越来越多

为什么现代社会的离婚率会持续上升?要解释这种现象,我们需要分析的是为什么现代社会婚姻的收益会下降。现代社会婚姻收益下降主要表现在以下几个方面。

第一，家庭的保险功能。在古代社会，结婚是合两姓之好，结婚的过程就是在两大家庭之间建立社会保险的过程。斯塔夫里阿诺斯就曾指出，在古代美索不达米亚文明，"婚姻关系是作为医疗保险、残疾保险、养老保险缺失的一种替代"。（斯塔夫里阿诺斯：《全球通史》）而离婚则意味着社会互保的断裂。因此，离婚是很困难的事情，尤其是当女性不满意男性时，离开男性异常困难。但在现代社会，社会保障日益完善，离婚可以比较少地考虑家庭之间的互保问题，离婚的成本就明显降低。

同时，家庭也是男女建立相互保险的过程。女性参加市场活动的增加降低了对男性市场活动的依赖。而与此同时，"在社会保障和福利制度不断完善下，对经济条件不佳的妇女来说，等于是获得了一笔赡养费和对子女的教育费用"。（加里·贝克尔和吉蒂·贝克尔：《生活中的经济学》）因此，社会保障和福利制度落实到家庭中，就替代了男性的角色。不少学者就认为这种替代是造成现代社会家庭结构出现巨变的最重要因素。

第二，配偶专有成本。配偶专有成本是贝克尔借鉴企业专用成本提出的一个概念，该成本的存在意味着结婚后再换配偶是有成本的。配偶专有成本包括：与原来配偶相处的生活经验对未来的生活毫无价值可言；双方至少有一方必须离开已经习惯的家；男女双方共同建立的朋友圈有可能因此而分化；新选择的配偶并不是前一次婚姻所留下来孩子的亲生父（母）亲等。由此可见，配偶专有成本是很高的。

在以前，家庭在许多时候是最小的分工单位，夫妻双方在一起的时间非常长。在生产生活中，夫妻双方常常一起出现，夫唱妇随是大家最羡慕的理想夫妻关系，夫妻双方为对方所付出的专用性投资也非常多，如熟悉配偶的嗜好和习惯等。而在现代社会，随着专业化分工的发展，夫妻双方的社会交往圈也随之扩大，一些古代夫唱妇随的活动现在已经与朋友一起进行。同时，以前在家庭内部进行的一些活动，如做家务和教育小孩，现在已经逐渐社会化，可以以比较低的成本从社会中购买。这也减少了夫妻双方为家庭所付出的专用性投资。

女性就业率的上升也降低了离婚的成本。"妇女挣钱能力提高……加速了已婚妇女的劳动参与率、生育率和离婚率的变化。"（贝克尔：《家庭论》）在传统社会，女性从事家务劳动，男性在外赚钱，女性通过家庭服务换取丈夫的收入，是符合双方生理特点和比较优势的合理安排。这种安排也造成了传统家庭夫妻之间紧密的相互依赖。但这种相互依赖并不具有对等性。一般情况是，男性对女性的依赖要小于女性对男性的依赖，一些对婚姻不满的女性也只能忍受不幸福婚姻的压力。女性就业机会和相对收入的增加降低了女性对男性的依赖，使夫妻更容易结束一桩不美满的婚姻。"即便是贫穷，一位妻子也能养活自己，这种可能性使现有的婚姻面临新的选择……女性就业机会的拓展使因某些原因而婚姻不幸福的夫妻能分手。"同时，"女性原来可以通过婚姻以及在家庭生产上的分工来获取的好处已经降低"。（安德鲁·切尔林：《破镜重"缘"——美国社会婚姻现象分析》）

在所有的"配偶专有成本"中，最主要的是与配偶一起孕育的小孩。子女成为夫妻双方继续维系婚姻的纽带和强劲动力。"父母对于子女的疼爱使得夫妻日渐亲近，难以分离。"（韦斯特马克：《人类婚姻史》）在现代社会，婴儿死亡率大幅度下降，导致与子女有关的"配偶专有成本"出现重大改变。

在传统社会里，一个家庭中，女人必须不停地生孩子，从而确保有适量的孩子生存下去，继而长大成人。结果，照顾和养育子女成为女人的全部工作。而在现代社会，因小孩的夭折率很低，一般而言，只想要两个子女的一对夫妻就可以只生两个孩子，女性投入抚养小孩的时间减少，可以有时间参与社会工作，降低了女性在经济上对男性的依赖，并提高了结识更多可替代现有丈夫并适合自己的异性的可能性。这就为那些妇女逃离不幸福的婚姻提供了一条道路。实证研究也表明，已婚妇女的劳动参与率的变化与随后离婚率的变化呈正相关。（贝克尔：《家庭论》）与此同时，小孩子数目的减少降低了由离婚所导致的配偶专有成本。潘绥铭等人就认为："独生子女政策极大地缩短了夫妻之间的'养育合作时期'，加长

了'空巢期'。这使得婚姻更加难于白头偕老。"(潘绥铭等:《当代中国人的性行为与性关系》)

波斯纳认为:"在妇女改善了工作机遇并有交织紧密的社会安全网络的社会中,婚姻的私人价值已经衰落了,因此婚姻的稳定性也就衰落了。工作机会的改善提高了妇女家务活动的机会成本,其标志包括孩子养育,以及从婚姻中获得的利益减少了,因此,也就会更少在婚姻中投入,来努力稳定婚姻。妻子经济独立性的增加,无论是由于她有了更多的市场收入还是由于她有了更多的社会收入,都降低了她努力改善夫妻不和的意愿。"(波斯纳:《性与理性》)

第三,婚姻替代品。婚姻替代品"价格"的下降也会导致对婚姻需求的下降和离婚率的上升。婚姻最主要的替代品有独身、同居和同性恋。这些替代品的价格随着社会的发展而逐步降低。如随着女性工作机会的增加和社会福利体系的完善,家庭的保险作用降低,针对贫困人口的福利支出替代了贫困女性来自于丈夫的收入,降低了保持独身的成本。因此,有社会学家认为:"一个更加慷慨和宽松的福利体系已经暗中破坏了家庭的基础。"(大卫·切尔:《家庭生活的社会学》)自由主义的思潮使同居的成本(社会舆论带来的负效用)下降,同居作为婚姻替代品的地位也在上升。法律甚至对同居的地位做出了明确的规定。例如,"在瑞典,同居有一种公认的合法地位,其主要的附带权利和义务是分居时共有财产平均分割"。(波斯纳:《性与理性》)对同性恋亚文化的研究使同性恋被人们从"不正常"的概念中去除,在很多国家,认同自己同性恋身份的人的比率也是上升的。就替代品对婚姻的影响而言,我们可以从下面的一段话中看出:"男女结婚的百分比剧减。同时,曾与人同居而不曾结过婚的人却急剧增多。结果是曾经'结合'的人数只是温和下降。"(安德鲁·切尔林:《破镜重"缘"——美国社会婚姻现象分析》)

第四,离婚的累积效果。现有"婚恋市场"上离婚率越高,离婚受到的歧视就越少,离婚的心理负担就越小,适合离婚和丧偶人士的"婚恋市场"就越大,其也越容易找到新的适合自己的配偶,妇女对先前婚姻所进行的婚姻资产专用性投资的价值也越容易得到部分恢复,离婚的成本也就越低。因此,现有的高离婚率为离婚率的进一步提高创造了条件。

第五,夫妻寿命的延长。在古代社会,人均寿命较短,加上妇女因生育造成的死亡率非常高,即使早婚的夫妻,能共同生活的时间也并不长。即使不和的夫妻二人预期离婚后的生活要好于离婚前的生活,但在权衡离婚后剩余的生命时间和离婚成本后,选择忍一忍过一辈子的人不在少数。此时,是死亡而不是社会因素,让不和的男女不分开。在其他条件不变的情况下,随着夫妻寿命的延长,失和夫妻离婚的收益也会随之增加,离婚的数量也随之增加。

第六,离婚条件。随着社会思潮的变化,离婚自由化逐渐成为社会发展的趋势。这就使离婚的法律代价降低。在其他条件不变的情况下，代价（即价格）越低，需求越多。

与此同时，因为离婚变得容易，为避免可能的离婚对自己造成的伤害，家庭成员，尤其是女性对家庭内生产的专用性投资就会下降。这就会减少男女组建家庭的收益，进而增加离婚的数量。

第七，伴侣婚。在前现代社会，夫妻实行的是非伴侣婚，婚姻是"生育共同体"和"经济合作社"，在婚姻安排上排斥和否认爱情的作用，在夫妻关系上强调相敬如宾，强调亲情。婚姻的破裂意味着家庭保险功能的破裂，所以家庭乃至家族严格限制婚姻关系的破裂，以防止离婚对家庭或家族利益造成伤害。中国古代的"七出三不出"完全是基于家庭和父母的利益而不是夫妻双方的利益。在现代社会，结婚的基础是爱情，传宗接代在婚姻中的作用下降，盛行伴侣婚。婚姻从非伴侣婚向伴侣婚的转变促使个人选择在婚姻中的作用加强，婚姻中的当事人可能仅仅因为微小的理由就分手而不用考虑婚姻对家庭乃至家族关系的影响。"一见钟情，婚了；一怒之下，离了"成为一些年轻人婚姻的常态。周国平在《爱的五重奏》中就这样写道："偏偏愈是基于爱情的结合，比起那些以传统伦理和实际利益为基础的婚姻来，愈有其脆弱之处。所谓佳偶难久，人们眼中的天作之合往往不能白头偕老。这差不多是古老而常新的故事了。"

此外，社会生物学家的研究也发现，爱情由一种化学物质控制，这种化学物质的平均存在时间为三十六个月。在非伴侣婚时，虽然爱情不存在，但男女结婚的其他因素存在，男女还会继续以婚姻形式搭伙过日子。而在强调爱情是婚姻基础的现代，男女可能仅仅是因为爱情的消失而分手。

上述导致婚姻解体数量增加的原因，大多可以从交易成本的视角得到统一的解释。人类从婚姻中取得的收益几乎全部可以通过"市场"购买得到，组建家庭与否取决于对"家庭内交易成本"与市场交易成本之间的权衡。随着人类社会的发展，市场交易技术进步的速度要远快于家庭内提供的技术进步速度。例如，保险公司的发展降低了通过市场降低风险的成本，家政业的发展降低了通过市场完成家务劳动的成本，网络的发展为"一夜情"提供了更加便利的手段使婚外性的可得性大幅增加。这就使市场交易成本得到有效降低，而妇女大规模参与市场活动及小孩子数量的减少等因素减少了家庭内的"配偶专有成本"，增加了"家庭内交易成本"。因此，现代社会离婚率上升是市场服务对家庭内服务的一种替代，是市场交易成本减少和"家庭内交易成本"增加共同作用的结果。

（三）严格离婚条件的利与弊

《三秦都市报》（2011年3月13日）文章《26—35岁夫妻易"闪离"，好多为小事离婚》报道，小齐和小娜是一对婚龄两年的夫妻，孩子一岁。小娜离婚的原因是："老公一下班就打游戏，不做饭，不洗碗,我过不下去了。"原来,两人都是家中独生子女,婚前都是"衣来伸手,饭来张口"。婚后两人单住,孩子由父母带,两人都不会做饭,每天不是在双方父母家蹭饭就是在饭馆吃,衣服堆成山,泡方便面的碗摞了一堆……最终,为洗碗的小事发展为赌气、对骂、抓扯,最终导致离婚。

据了解,在"80后"闪离的案例中,一些闪离原因曾令婚姻登记处的工作人员啼笑皆非:有因抢电视遥控器大打出手而离婚的;有因睡觉习惯不同引发矛盾而闹离婚的;有为先到谁家过年闹离婚的……

"以前,结婚和离婚都是需要单位开介绍信的。离婚的话,全单位的人都知道了。而现在,结婚和离婚手续都很简单。"西安市莲湖区婚姻登记处的一位工作人员告诉记者。目前办理结婚和离婚,只要手续、证件齐全,照片合格,很快就能办完。根据《婚姻法》规定,登记机关必须依据双方当事人的意愿进行办理,不得施以任何形式的劝勉告诫等。因此,如今离婚简化也助长了一些鲁莽性急的年轻人更"迅捷"地"一拍两散",分道扬镳。

在中国1980年实施的《婚姻法》中,离婚的必要条件被修改为双方的感情破裂,经调解无效。这使中国逐步成为离婚最自由的国家。随着中国社会的发展,社会对离婚的容忍度逐渐增强。上述两者的共同作用,造成中国社会现阶段离婚率节节攀升,对中国社会的婚姻稳定造成了很大的冲击。上述的新闻表明,中国协议离婚的成本很低，导致不少年轻人因为微不足道的小事离婚。

2009年《时代周刊》发表文章称："没有任何一种力量比婚姻家庭的解体造成的悲苦更严重。它使孩子受到伤害，单身母亲的生活陷入困境，给社会底层承受力最差的人带来巨大灾难。"离婚会产生外部性。无论是在中国还是在美国，离婚率居高不下使得严格离婚条件成为学术界和市井共同关心的问题。

如何改变离婚率居高不下的现状以减少离婚所造成的外部性？一些学者提出通过法律干预，即通过协议离婚或设置离婚冷静期等增加离婚的难度，减少离婚率。如在美国，"由于离婚变得太过容易，作为对此的反应，已经有一些让离婚变得困难的运动正在发起"。（大卫·诺克斯和卡洛琳·沙赫特：《情爱关系中的选择——婚姻家庭社会学入门》）在中国也有学者主张修改《婚姻法》，提高离婚难度，以维持婚姻的稳定。

如果我们将婚姻关系看作契约关系，按照一般的契约自愿原则，政府不应该干预男女之间的结婚和离婚等行为。但从各国的《婚姻法》中的相关规定来看，法律对婚姻关系总是有或多或少的干预。如在19世纪，英国还不允许离婚。但随着时间的推移，法律对婚姻关系的干预有减少的趋势。现在只要符合一定的条件，婚姻契约就可以解除，而且，终止婚姻契约的条件也有越来越放宽的趋势。从20世纪70年代开始，美国已经逐步从过错离婚变为无过错离婚。

但我们也可以看出，无论如何，政府对待婚姻契约并不像一般的契约那样放任，原因就在于婚姻（契约）的解除不光涉及男女双方，还涉及没有办法行使同意权的第三方——小孩。用经济学专业术语表达就是离婚行为具有外部性，即离婚的收益由男女双方得到，而成本中很大部分要由孩子承担。这会造成实际离婚率高于社会最优离婚率。因此，通过社会干预降低离婚率，有利于离婚率向社会最优离婚率回归。这就是需要法律干预婚姻契约的原因。

那么，以严格离婚条件为特征的法律干预对婚姻契约有着什么样的影响呢？经济学认为该干预对婚姻契约有着正负两方面的影响。

严格离婚条件对稳定婚姻有积极作用。

1. 经济学认为人们面对激励会做出反应。犯错误的成本越高，犯错误的可能性就越小。严格离婚条件会增加犯错误的成本，促使人们婚前更认真地寻找婚姻伙伴。寻找时间越长，人就会越成熟，积累的关于异性的经验也会越多，也就越少像年轻人那样犯错误。因此，增加离婚难度有可能会促进幸福的婚姻形成。

2. 男女双方如果知道离婚很难，就会设法消除他们之间的不和。这样就减少了用司法手段解决争议的必要性。

3. 婚姻越不稳定，在家庭内部有比较优势的一方，一般是女性，对家庭内部的投入就越小，从而对家庭生产的效率产生不利影响，影响组建家庭的收益。这也反过来对家庭的稳定造成不利影响。我们可以称这种现象为"自我实现的离婚预期"。严格离婚条件增加了家庭生产中有比较优势的一方投资于家庭的积极性，从而有利于家庭收入的最大化，也反过来促进家庭的稳定。

4. 严格离婚条件可以在某种程度上减少男性的始乱终弃行为，保护女性在婚姻中的利益。对此，美国法与经济学的领军人物波斯纳这样写道："在一个社会中，如果妇女的主要资产就是她们的生育能力，那么当社会安全网络漏洞很多甚或根本就不存在，并且强制执行法律责任（诸如抚养的责任）的机制很弱或没有发展起来时，离婚就会把那些因年老色衰或其他原因不再有生育能力并且缺乏独立生活资料的被离异的妇女置于一种经济上极为危险的境地。"（波斯纳：《性与理性》）这也是中世纪基督教会反对离婚的重要原因之一。

5. 在一个离婚比较随便的社会中，婚姻的发展趋势可能成为一连串时间较短的婚姻契约，从而形成事实上的连续多妻制。而严格离婚条件则可以限制这种现象的发生。

6. 因离婚后对小孩子的资源投入从父母双系变为母亲或父亲单系，用在小孩身上的资源投入减少，会对小孩子的成长造成不利影响。经济学的实证表明："对大多数儿童来说，父母离异对他们的社会融入能力、受教育水平、事业发展以及心理健康都有着严重的负面影响。"（安东尼·W. 丹尼斯和罗伯特·罗森：《结婚与离婚的法经济学分析》）

"社会对于离婚的不支持态度对妇女的生理活动特征是有益的。人们设想这样就可以迫使男人照看自己的孩子，但为此付出的

代价往往是高昂的,许多妇女难以接受。"(波斯纳:《性与理性》)

下面分析严格离婚条件的负面影响。

1. 稳定婚姻的重要目的在于避免离婚对小孩产生巨大的负面影响,但在不少时候,离婚比男女双方争吵的环境更有利于小孩的成长,因为"良好的教育,要求负责该项教育者之间有完美的默契;如果两个人的工作相互抵消,一切也就都完了"。(让-克洛德·布洛涅:《西方婚姻史》)

2. 如果严格离婚条件,"妇女也可能会由于害怕丈夫的虐待而推迟婚期,直到她们对爱情和丈夫的品行有了更多的自信后再结婚"(贝克尔:《家庭论》)。而对于男性而言,"自认为'前途看涨'的人,择偶就会更加谨慎,结婚的平均年龄就会推迟,选择不结婚的概率就会提高"(薛兆丰:《婚姻的契约本质》)。更认真地寻找婚姻伙伴有利于寻找合适的伴侣,但也意味着更高的搜索成本。这就给男女双方组建家庭增加了额外的成本,造成平均结婚年龄的推迟乃至选择不结婚的人数占比增加。而在其他条件不变的情况下,结婚年龄的推迟和不结婚人数的增加会造成婚外性生活的增加,也会造成另外的社会问题。

3. 为避免离婚的高成本而没有结婚的人,会以同居、"独自生活却有个虽然松散但是稳定的伴侣"、"一夜情"等形式替代婚姻;已经结婚的人则会以出轨、"一夜情"等婚外恋替代离婚。中世纪欧洲严格的一夫一妻制就和情妇的盛行紧密相关。

4. 更认真地寻找婚姻伙伴只能减少但不能杜绝不合适婚姻的出现。万一出现这样的情况，对婚姻双方（也有可能是一方）的伤害非常大。在欧洲中世纪的基督教世界里，男女之间的离婚受到教会的严格控制。在妻子想离婚而丈夫不想离婚的案例中，为防止法庭判离，丈夫不打妻子，但"他干得非常巧妙：不让妻子受皮肉之苦，而是伤她的心，让她感受撕心裂肺的痛苦"（让-克洛德·布洛涅：《西方婚姻史》）。这就形成一个"劣币驱逐良币"的效果，反而不利于婚姻的稳定。

5. 严格离婚条件使得对婚姻不满的一些人为达到离婚条件不惜铤而走险，增加了家庭内暴力乃至犯罪行为。在中国古代，一些女性因无法离婚而对丈夫采取极端手段，这在王跃生《清代中期婚姻冲突透析》一书中有着详尽的描述。尽管在强调个人自由的今天，严格离婚条件不会严格到不允许离婚的地步，但我们也要注意严格离婚条件对婚内暴力乃至犯罪的影响。

因此，是否要通过严格离婚条件来降低离婚率，需要对严格离婚条件进行理性的权衡。在无过错离婚刚开始实行之时，女权主义者欢呼女性的胜利。但在执行多年后，女权主义者发现无过错离婚未必有利于女性，在女权主义者内部对是否要严格离婚条件产生了很大的争论。这在一定程度上反映了一项政策的多面性。在具体实行一项政策之前，要对其可能产生的成本和收益做细致的研究。

一夫多妻和一妻多夫

（一）一夫多妻制和一妻多夫制的历史选择

在人类几千年的婚姻史中，相对于一夫多妻制，一夫一妻制无论在分布的时间上还是地域上均为少数。对于在人类婚姻史上曾占主导地位的婚姻制度——一夫多妻制，我们如果仅仅从道德上谴责了事，并不是一种科学的做法。本文将从多个角度分析一夫多妻制在人类婚姻历史的较长时期内占主导地位的经济理性。

从生物社会学和经济学的角度分析为什么在历史上，一夫多妻制及其变种一夫一妻多妾制，会在与一夫一妻制和一妻多夫制的竞争中处于优势。

生物社会学视角下的一夫多妻制

从20世纪60年代到80年代，人类学家乔治·默多克发表了他通过研究涵盖了不同历史时期、世界各地250多个"代表性的人类文明"而作的研究报告，报告记录了近1200个不同社会群体从古到今的风俗习惯，其中有850个社会群体流行一夫多妻制。（爱德华多·波特：《一切皆有价》）生物社会学的研究也发现，在非人类的动物世界里，"一妻多夫"也屈指可数，而"一夫多妻"却是普遍现象。如何看待一夫多妻制的普遍存在？在上半部分，我将从生物社会学的视角分析这个问题，在下半部分我则从经济学的角度分析该现象。

在其他章节中，我已经分析过男女生理条件的差别造成他（她）们在爱情和婚姻等方面的差异。我们同样可以用男女生理条件的差异分析人类世界中一夫多妻广泛存在的原因。

对于男性（相当于动物世界中的雄性）而言，如果其能够垄断一定数量的女性（相当于动物世界中的雌性），就能够排除其他男性在性上接近这些女性，就能确保这些女性的孩子携带的是自己的基因，也就保证了自己基因在未来世界中的适应性。垄断女性的数量越多，与不同女性生的小孩数量也就越多，就越有利于自己基因的延续。当然，这里有一个前提，那就是该男性能够为众多女性和自己的孩子提供足够多的资源以保证其生存。因此，一夫多妻制是男性追求其基因生存和繁衍的最合适的安排。

对于女性而言，她们则面临这样的抉择：要么选择一个平庸的男性，该男性会将其全部的资源用于她和她的子女；要么选择一个优秀的男性,但由于他有许多的配偶,因而他只能拿出他的部分资源用于她和她的子女,但这部分资源可能在绝对量上还是大于那个平庸男性的全部资源。从该女性自身基因适应性最大化的角度,她会选择优秀的男性。这就是萧伯纳的名言——"女性的本能,驱使她宁愿分享一流男人的十分之一,也不要独占三流男人的全部"背后的经济理性。在一些初民社会,"做女人的都宁可在受尊敬的男人身边做他一群妻妾中的一员,也不愿给一个只能娶上一个妻子的男人做他的唯一代表"。(韦斯特马克:《人类婚姻史》)在现代社会,许多漂亮的女生宁愿成为有钱有势男性的"小三",也不愿意与贫穷的男生"裸婚",深层次原因就在于此。

一夫多妻制而不是一妻多夫制的盛行与夫妻双方的生理特点有很大的关系。只要妻子的数目在一定范围之内,拥有多个妻子的丈夫只会微弱地降低每一个妻子怀孕的机会。(贝克尔:《家庭论》)人类学家莫里卡就说,对东非基卜西吉斯人来说,丈夫多娶一妻,能给自己多生 6.5 个孩子,与此同时,他原来的每位妻妾少生 0.5 个孩子。(坚赞才旦等:《论多偶制和家庭文化特质的传递——兼谈婚姻效用的协商分配理论》)相对于男性,女性的生育资源更为稀缺。一妻多夫制会降低每一个丈夫做爸爸的机会,因为妇女的怀孕能力是有限的,在生育期内,女性一年只能生一胎。丈夫如果想要有自己血缘的小孩,在一妻多夫制度下实现的可能性就比较小了。基于此,"男性在生孩子过程中的相对投资水平使得他们偏好一夫

多妻制，而女性在一妻多夫或一夫一妻的关系中是一样快乐的"。（贝克尔：《家庭论》）

因此，从生物社会学的角度看，男女两性（包括人类和非人类的动物世界）选择一夫多妻制有其基因适应性最大化的理性在里面。

进一步说，在非人类的动物世界里，因强壮的雄性可以垄断一定数目的雌性，其基因延续下去的可能性也就远大于非强壮的雄性，使该雄性动物在"物竞天择，适者生存"的残酷竞争中得以繁衍下去。这一点在人类世界中同样存在。波斯纳在《性与理性》中这样写道："一个出色的男性——其出色至少部分由于他的基因天赋——可以使大量女性受孕，这时人类进化的进程就加快了。"但波斯纳在该书中也同样提出了一夫多妻制对人类演化可能造成的不利影响："多妻制减少了基因的储备库，并由于同样的原因，也就增加了乱伦的可能。"

为什么是一夫多妻制而不是一妻多夫制？

经济学认为，人们从婚姻中取得的实际利益取决于其配偶的品质，如收入、财富、受教育程度等。在男女人数大致相等的情况下，如果男性的品质有很大差异，而女性的品质大致相等，那么就会出现高品质的男性会娶几个妻子，中等品质者娶一个妻子，低品质者一个也没有这种现象。而且，因为竞争的关系，每个女性从婚姻中得到的收益大致相同。经济学家用收入、受教育程度、财富、智商等不同指标去测量人的品质，通过跨国比较和历史分析发现，在男性品质差异远远大于女性品质差异的地区，比如说中东和非洲，一夫多妻制较为盛行。（贝克尔：《家庭论》）

韦斯特马克认为一夫多妻制存在的原因，"在很大程度上是基于一定的经济状况和社会状况，即财富的积累和不均等的分配以及不断增大的社会分化"。（韦斯特马克：《人类婚姻史》）贝克尔在《家庭论》中以土地（财富）分配不均为前提建立了一夫多妻制模型。中国台湾学者干学平等在《现代经济学入门》中对该模型做了描述。

假设社会中男女人数相等，土地归男性所有，女性缺乏谋生能力。再假设土地分配不均，以至于社会上出现了地主、自耕农、佃农等三类男人。由于生产需要土地和劳动两项投入，男人凭借劳动所得参加生产，常是自养有余而不足再养一个女子，除非他同时拥有一些土地。只要男女都能自由选择婚嫁对象，地主和自耕农都不难找到一位女子为妻，但佃农则缺乏此能力。就女子而言，由于佃农无力养她们，故能结婚的男子数目在实际上要小于适婚的女子数目。若社会采取一夫一妻制，就会出现没有婚配对象的女子。对于这些女性而言，她们只存在两种选择，即独老终生或嫁给地主为妾。由于女性缺乏谋生能力，嫁给地主为妾成为唯一的出路。由于当时消费品的种类有限，许多地主终其一生所消费的消费品的总值也仅占其财富的小部分。当地主觉得财富的边际效用很低，而多娶一位妾的边际效用比较高时，他就会选择娶妾。这个过程将会不断地持续，直到小妾给地主带来的边际效用等于财富给地主带来的边际效用为止。只要女性缺乏谋生能力，财富便能实现男性对小妾的需求。财富分配越不均，男性拥有妻妾数目的差异越大。

从理论上讲，只要男性品质的离散程度小于女性，那么一妻多夫制也同样会存在。此时，有能力的女性拥有几个丈夫，而没有能力的女性却独身一人。但我们并没有发现这种现象的普遍存在。原因何在？一些人从法律对一夫多妻比较宽容，对一妻多夫却比较严格的角度来回答这个问题。但问题是一项没有经济理性支持的法律，不可能长时间存在。可能的解释有以下几种。

1. 在人类历史的大部分时期，男性品质差异程度要大于女性。

在前工业社会，男性从事市场活动的边际生产力较高，尤其是一个品质较高的男性能养活多个女性。对他而言，增加一个女性需要降低的生活水平有限。但即使品质较高的女性，其在从事家庭活动时，随着男性的增加，边际生产力也会急剧下降。辜鸿铭的"茶壶茶杯"理论说明的正是这一点。

2. 在上面的分析中，一夫多妻制而不是一妻多夫制的盛行与人类的生理特点紧密相关。"由于一妻多夫制婚姻中父亲身份的不确定性，一妻多夫（一个女子同时有几个男子）比一夫多妻制（一个男子同时有几个女子）的婚姻要少。"（贝克尔：《人类行为的经济分析》）

这种生理特点同样可以解释为什么一妻多夫制经常出现在生存条件恶劣,人地矛盾严重的地区——在这些地区,只有控制人口数量才能保证人类的生存。"在西藏,一妻多夫制是'一种必要的制度。山谷中每一块可以耕种的土地,都已经耕种了许多世代,人口的数量又必须适应耕地的数量。而要保持这一比例关系,就必须做出某种限制,即在每个拥有财产的家庭中,只能有一个生儿育女的人'。"因此,一妻多夫制可以起到限制人口增长和使家产不至于分散的作用。(韦斯特马克:《人类婚姻史》)

3. 张五常认为家庭是财富极大化的决策者,"就像任何资本资产的情况一样,作为生产要素和财富储存而获得的新娘必须符合报酬递减规律和风险分散化规律。将婚姻限制在一夫一妻制范围内的习惯与家庭这个决策单位的财富极大化不一致。这个问题的解决办法当然就是允许纳多个妾"。(张五常:《经济解释》)因此,妻子的数目是家庭基于财富极大化理性选择的结果。

因此,一夫多妻制而不是一妻多夫制在人类婚姻制度上占主导地位是由两性的生理特征、分工结构和经济地位等因素综合作用的结果。

(二)一夫多妻的利弊

女权主义者认为一夫多妻制是男权主义的象征,一夫多妻制存在说明女性地位低下。事实是否如此呢?女权主义者反对一夫多妻制的理由是什么？如何看待这些理由？

现有对一夫多妻制的讨论大多集中于家庭选择角度。那么从社会选择的角度看，该制度对社会稳定起着什么样的作用？毕竟对于统治者而言，采取什么样的婚姻制度是基于保证其统治稳定的考虑。要理解法律为什么会禁止或允许一夫多妻制，一条可能的路径是分析该制度对社会稳定的影响。

一夫多妻制与女性的"价格"

"贝克尔模型"我们知道，在前现代社会，女性自己很难养活自己，而能养活女性的男性又有限。如果社会严格实行一夫一妻制，势必导致一部分女性嫁不出去，进而无法存活。而一夫多妻制则减少了这种现象。因此，一夫多妻制至少增加了这部分处于生存边界女性存活的可能性。

一夫多妻制也有利于女性地位的上升。通过价格理论我们知道，在其他条件不变的前提下，对一种商品的需求越大，该商品的价格就越高。这当然有利于该产品的提供商。由此可知，一夫多妻制增加了男性对女性争夺的激烈程度。在一夫多妻制度下，女性能利用自身的稀缺性提高自己的"价格"，即社会地位，因为在此时，男性只有提供更好的条件才能娶到女性。"在一夫多妻的关联较高的社会里，聘金更加司空见惯，新娘的价格也往往较高。"（贝克尔：《家庭论》）

同时，在婚姻合约中，为让女性愿意接受一夫多妻，必须给予女方足够的补偿以弥补与他人共事一夫所带来的不利影响。尤其对妾来说，其在家庭中的地位要低于正妻，女性的"价格"就需要男方在娶妾时及以后通过各种方式弥补，以增加女方的收益。而这种收益主要体现在小妾的娘家可以"高攀"并不门当户对的家庭。（详见本书《古代中国独特的妾》一文）。

更进一步讲，中国古代社会普遍存在着溺杀女婴的现象，一夫多妻制的存在增加了对女性的需求，提高了"婚恋市场"上女性的"价格"，也就减少了溺杀女婴现象。

与此同时，为一夫多妻制申辩的另一个重要理由是：在一夫多妻制下，没有生育小孩的妇女不用离开夫家，只要新娶女性帮夫家生育小孩就可以了，因此该制度保护了没有生育的妇女。联想到中国古代的"七出"和纳妾的条件，这个理由有一定合理成分。

因此，"如果从保护妇女的立场看上去，禁止多妻制也许没有道理。多妻制增加了对妇女的有效需求，导致了妇女的平均婚龄更低，结婚妇女的比例也更高"。（波斯纳：《性与理性》）

女权主义者反对一夫多妻制的原因

既然一夫多妻从总体上有利于女性，那么女权主义者为什么要反对一夫多妻制呢？其实，女权主义者对一夫多妻制的厌恶更多是基于感情上的考虑。

与一夫一妻制不同，在一夫多妻制下的女性不得不和其他女性一起"分享"丈夫，丈夫给女性的一些资源（如性和时间等）是有限的，这容易给女性造成一种孤独感。为最大限度地获取家庭内的利益和资源，女性之间围绕男性展开一系列的竞争。许多反映宫廷和大家族内部生活的电视剧对这种现象做了大量的描述。这加剧了女性群体对一夫多妻制的厌恶。一夫多妻是与父母做主的买卖婚联系在一起的，男女的结合并不是基于感情而是基于生育关系，婚姻的成立是与买卖而不是自由恋爱相联系，容易给女性造成自己只是生育机器和商品的感觉。相结合的男女一般年龄相差很大。这容易给女性造成男性很专制的印象。而且女性可分享的男性的性资源有限，也给女性的婚外性行为提供了激励。男性为限制这种婚外性行为的发生，除了一些家庭（如皇家）使用男性阉人外，往往采取对女性有伤害的方式，如中国古代的裹脚和非洲等地的"割礼"。这会严重伤害女性身体健康。

保护女性利益的女权主义者，其初始阶段的成员多为有知识和文化的社会上层女性。她们中不少人对于一夫多妻制对女性的伤害有着切身的体会——这是她们强烈地反对一夫多妻制的根源所在。但她们对身处社会下层女性的诉求并无切身体会，也无法理解这种想法产生的原因，常简单地视之为落后。"许多受教育程度不高的女性仍然认为一夫多妻制对她们是有利的,因为这是让她们能够接触到那些具有较高地位并且拥有较好经济资源的男性的一种途径。"（大卫·切尔:《家庭生活的社会学》）从某种程度上讲,女权主义者在这个问题上扮演着"何不食肉糜"的角色。

一夫多妻与社会稳定

上面分析了女权主义者反对一夫多妻制的原因。那么,从统治者维持其统治和社会稳定的角度,一夫一妻制和一夫多妻制两者之间是否存在差别呢？毕竟,决策者在选择婚姻制度时,会对各种制度的成本和收益进行全面的权衡。

我们先分析一夫多妻制对于社会稳定的积极作用。尽管一夫多妻制是以社会财富分配不平均为前提,但该项制度却有利于改善社会财富分配的不平均。这主要表现在以下几个方面。

第一,为娶多个妻子,拥有财富的男性不得不向女方家庭支付相当数量的聘礼。而在一夫多妻制的社会里,聘礼的数量会大于一夫一妻制的社会,这就减少了财富拥有者的财富。

第二,"多妻制具有长时段减少不平等的一种趋向,因为这种制度增加了多妻者死后必须供养的人员数量（妻子和孩子）。由于他的遗产要以更多的方式来瓜分,因此,下一代的财富不平等就会减少"。（波斯纳:《正义/司法的经济学》）

第三，对于统治者而言，财富也意味着一种潜在的反叛能力。如果财富的拥有者去"购买"女性而不是武士，这有利于统治者维持现有统治。这就是波斯纳提出的命题：在初民社会，"多妻制起到了分散政治权力的作用"。（波斯纳：《正义/司法的经济学》）

第四，在一夫多妻制尤其是在妻妾制下，贫困的家庭可以利用女儿实现家庭地位的上升，从而增加了社会的流动性。而流动性较强的社会，一般而言是稳定的社会。（见本书《古代中国独特的妾》一文）

有一利必有一弊。一夫多妻制也会给社会稳定带来不少的负面影响。

第一，尽管一夫多妻制因遗产问题使社会财富分配不均衡得到一定程度的纠正，但是，如果该家庭成员联合起来反叛政府，因兄弟姊妹和亲戚众多，其威力也大于一夫一妻制下兄弟姐妹较少的情况。当然因为联合的困难，这种情况发生的可能性很小。

第二，一夫多妻制加剧了男性间的竞争，导致部分成年男性无法娶到妻子。这部分无法娶到妻子的成年贫穷男性也就成为社会不稳定的重要因素。"如果若干男性没有性伙伴，没有机会染指异性，这样的社会必将生活在火药桶上，其暴力事件将是极其频繁的。"（郑也夫：《有性繁殖与婚配制度》）基于上述理由，美国杨百翰大学的哈罗德教授在《光棍》一书中认为：未婚男性数量增加会导致犯罪率升高，他将性别失衡和中国清代的捻军起义联系在一起；一夫多妻制很明显会导致"婚恋市场"上男女性别的失衡,增加了单身未婚男性人数,从而造成社会不稳定。这一点在伊斯兰世界同样存在。安德烈·比尔基埃等在《家庭史》中这样写道:"天下太平时,他们的欲望受到抑制,无法表现出来,但是这为不断的觊觎和挑衅提供了基础。"

从总体上看,在古代社会,一夫多妻制造成的社会财富的分散和社会阶层的流动有利于社会的稳定。这也正是一夫多妻在人类历史的多数时期不受法律禁止的最重要原因。

(三)管制经济学视角下的一夫一妻制

当今世界一夫一妻的法律制度得到广泛的实行。除非洲和伊斯兰世界一些国家外,大多数国家均通过法律明文禁止一夫多妻。尽管在日常生活中,我们可以看到"包二奶""养情人"和频繁的结婚离婚等新的一夫多妻形式出现,但法律的确改变着我们的婚姻形式。那么,禁止一夫多妻的法律对男性和女性的福利水平有着什么样的影响呢?既然经济学认为任何一种政府管制都与突破管制相联系,那么,突破一夫一妻制管制的方式又有哪些呢?在现阶段,西方学术界对于一夫多妻的非罪化有着激烈的争论。那么,如何看待这些争论呢?

法律禁止一夫多妻的福利分析

一夫多妻制有利于提升女性的总体福利而不利于男性的总体福利，但总体的受益或受损并不意味着其中的个人都会受益或受损。下面我们以法律禁止一夫多妻的福利分配结果为例说明。

第一，对女性福利的影响。

1. 和一般女权主义者的观点不同，我认为禁止一夫多妻降低了女性的稀缺性，降低了女性在"婚恋市场"上可索取的"价格"，自然也就降低了女性的整体福利。

2. 从选择机会的角度看，在一夫多妻制下，女性既可以选择成为某位男性唯一的妻子，也可以选择成为某位男性众多妻子中的一位。而在一夫一妻制下，其丧失了选择成为某位男性众多妻子中一位的可能性。这就意味着对于女性而言，可供选择的机会减少，福利也随之下降。

3. 品质较高的女性福利水平上升，但品质一般的女性的福利水平下降。男性在面对一夫一妻制的数量管制时，成本较低的一种突破方式是以质量代替数量，即在只允许男人娶一个老婆的情况下，品质优异的男性就会增加在"婚恋市场"的搜索。品质较高的男性往往寻找品质较高的女性结婚。这些女性因为不用和其他女性共享品质较高的男性在市场活动中的产出，从而提升了福利水平。因此，禁止一夫多妻对品质较高的女性有利。但这种福利水平的上升是以品质一般的女性的福利水平在更大范围内的下降为代价的。

第二，对男性福利水平的影响。

禁止一夫多妻相当于政府管制，它"通过限制男人对女人的竞争而增加年轻人和穷人的性行为和婚姻机会。这种禁止性规定实际上是对富人的一种税收，因为只有富人才能养得起多个妻子。这种税收并没有产生财政收入，而是通过降低一个妻子的成本而将财富从较富有的人转移给较不富有（人数较多）的人"。（波斯纳：《法律的经济分析》）具体而言有下述几点。

1. 禁止一夫多妻，会增加品质一般男人的收益。因为在同样的预算约束下，他能"购买"到他以前"购买"不到的（品质一般的）妻子，或能用比以前更便宜的价格"购买"到（品质一般的）妻子。这当然提高了品质一般男性的福利水平。而品质一般的男性福利水平的提升是通过降低"购买"一个妻子的成本实现的。这从另外的方面说明了禁止一夫多妻会降低女性的稀缺性，从而降低女性的"价格"。

2. 高品质男人福利水平下降。娶几个老婆取决于男人的效用最大化决策，法律禁止其多娶妻子当然会降低高品质男人的福利。通过偏好理论，我们知道，富人在法律没有禁止一夫多妻时既可以选择娶一个高质量的女性，也可以选择娶多个低品质的女性；而在一夫多妻被禁止的情况下，他只能选择娶一个高品质女性。因此他的总体福利水平下降。

为什么世界上大多数国家的法律禁止一夫多妻呢？可能是基于

社会公平和和谐的考虑。对富人来讲，多个妻子是锦上添花；而对穷人来讲，娶个妻子则是雪中送炭。波斯纳就认为："这一禁止（指禁止多妻）是通过限制男子之间为女子进行竞争来增加年轻人、贫穷男子的性和婚姻的机会"；这种管制相当于对财富征税，使财富从更富有的人那里转移到不太富有但人数更多的人手上。（波斯纳：《性与理性》）但政府实施一夫一妻管制在造成男性公平的同时，也加剧了品质优秀女性和一般女性之间的不公平。

简而言之，在一夫一妻制下，"好女""差男"占便宜，但"差女""好男"吃亏。

其实，无论在一夫多妻制下还是在一夫一妻制下，拥有财富的男性大多过着"多妻"的生活，而社会主流的婚姻形式是一个男性和一个女性搭伙过日子。管制对一般民众的影响有限。

一夫一妻管制的突破形式

从经济学的视角看，一夫一妻制是一种数量管制——它管制男性多样化伴侣的偏好。管制经济学认为管制会造成社会上出现无主之物——"租"，进而会出现对这些无主之物的争抢，即"寻租"。任何商品都是多维的，在其中一维被管制的情况下，其他维度就会突破管制，使商品向供求相等的均衡点回归。

在一夫一妻制下，妻子的数量被管制，其他维度就会设法突破管制。上述用一个"好女"代替多个"差女"就是男性用质量来代替数量，进而突破一夫一妻管制的重要方式。

事实上，突破一夫一妻管制的方式有很多种。男性在面临多种突破管制方式时，由于突破管制方式的成本存在差别，其选择也就存在差别。

下面举例说明突破管制的方式。

第一，婚外性或婚外情，如"包二奶"等。

尽管产生婚外性和婚外情的原因非常复杂（详见本书《出轨与婚外情》一文），但男性具有额外的资源去"购买"异性无疑是其中非常重要的原因。在没有一夫一妻管制的情况下，这些男性会利用自身的资源优势"购买"几个妻子（小妾）。在法律禁止一夫多妻的情况下，这些男性会通过婚外性或婚外情等方式消费女性，进而实现自己的多样化女性的偏好。有钱人的绯闻不断说明了这一点——超级富豪意大利前总理贝卢斯科尼就是其中的代表性人物。

尽管法律已经禁止一夫多妻，但很多有钱人还是明显地在挑战法律的底线，很多超级富豪有几房姨太太都是公开的秘密。

第二，多次结婚和离婚，从而形成事实上的一夫多妻制。

基督教世界在中世纪反对离婚的重要原因之一是该制度会形成事实上的一夫多妻制，拥有资源优势的男性可以通过多次"购买"的形式达到多样化女性的偏好。尽管有宗教力量反对，在中世纪的西方世界中,利用休妻制度来实现事实上的一夫多妻现象仍时有出现。而在一夫多妻被禁止的现代社会,离婚自由化潮流为不少有钱的男性通过不断更换伴侣来突破该项管制提供了方便。对于上榜富豪来说,离婚已经不足以成为新闻,对婚姻忠贞才是最大的新闻。

第三,"钻石王老五"。

如果社会实行一夫多妻制,"超钻级的王老五"可以通过多娶妻子来实现与女性的"等价交换";而在一夫一妻制的限制下,"婚恋市场"上已经没有女性可以与其进行"等价交换"。此时,如果为了"一瓢水"而放弃"弱水三千",机会成本非常高。以"钻石王老五"的身份游戏于"花丛"之间,避免婚姻契约给其带来可能的损害成为其理性选择。

由两家机构联合发布的《2011武汉富豪婚恋状况调查》证实了这一点。从调查数据来看,那些身价在500万元以上的富豪有六成多处于未婚状态,而且"他们对婚姻更加敏感,因为一旦婚姻出现危机,资产损失太大,对个人和企业的影响较大"。

法律上的禁止在提高了有钱男性实践一夫多妻的法律成本的同时,也降低了女性的"价格",降低了有钱的男性实施其他替代方案的成本。因此对于那些有钱的优秀男性而言,只要他们愿意,在任何一种婚姻制度下均是多偶制的实践者。

关于一夫多妻制的争论

在加里·S.贝克尔和理查德·A.波斯纳两人合著的《反常识经济学》中，两位顶级经济学家就一系列社会现象展开讨论。在此书中，两位经济学家就"一夫多妻可否合法化"这个话题展开了针锋相对的争论。贝克尔从契约自由的角度认为既然婚姻是一种契约，那么就应该允许自由缔结的一夫多妻婚姻；波斯纳则从社会稳定的角度认为一夫多妻制会对社会稳定、女性的人力资源投资等产生不利的影响，所以社会不应该放开一夫多妻制。

其实，在西方的学术界，对于一夫多妻制的争论比较常见。《社会学家茶座》曾分两期刊登了一篇文章——《民主与一夫多妻制》，从美国在19世纪全面推行一夫一妻制的背景入手，结合现阶段西方世界关于一夫多妻制的争论，认为基于民主的理由，也应该反对一夫多妻制。

一夫多妻制及其争论与道德、女权主义和同性恋婚姻合法化等联系在一起，表现得异常复杂。抛开道德上的争论，一夫多妻制和一夫一妻制各有其合理性，也有其各自的弊端。只要有一夫多妻制存在的土壤，即财富分配不均造成的男性品质差异没有消除，关于一夫多妻是否应该放开的争论也将在学术界持续下去。

（四）一夫多妻制逐渐消亡

一项制度的存在必须有相关制度与之配套。那么，为降低一夫多妻制的成本，社会其他制度需要做哪些有针对性的调整呢？从人类进入工业时代以来，一夫多妻制逐渐被一夫一妻制所代替。这种代替产生的原因是法律方面的、道德方面的，还是经济方面的？本节将就以上两个问题展开讨论。

一夫多妻制对相关制度安排的影响

在一夫多妻制社会中，因女性"价格"较高，总有一些男性无法娶到妻子，社会就需要为这些光棍提供安全阀，使这些人的性欲得以满足。因此，可以推测的是，在实行一夫多妻制的世界里，自慰、卖淫嫖娼、同性恋等行为发生的概率较高，社会对这些现象的容忍度也相对较高。（波斯纳：《性与理性》）

一夫多妻制的社会对女性的需求多，结果是未婚女性数量少，女同性恋发生的概率下降。娶有多个妻子的男性面临着更为复杂的家庭内部关系。为降低各个妻子之间相处的成本，丈夫一般对妻子间的同性恋行为比较宽容。"女同性恋被认为是女性闭塞的圈子里不可避免的发展结果。"（史蒂芬·贝利主编：《两性生活史》）丈夫甚至鼓励妻子之间或妻妾之间的同性恋行为，以降低家庭内部的"交易成本"。这一点在中国古代一些文人的笔记中有着生动的描写。

在一夫多妻制下，妻子间的矛盾提高了家庭内的"交易成本"。为减少这种矛盾，在中国古代，不嫉妒被誉为妻子的美德，嫉妒甚至可以成为男性"出"妻的理由，为延续丈夫家的香火而帮助丈夫纳妾被誉为妻子的本分。为减少妻妾间的冲突，中国的诸侯和士大夫阶层最早实行的是"媵妾婚"，比较著名的有娥皇和女英的故事。《公羊传》这样描述道："媵者何？诸侯娶一国，则二国往媵之，以侄娣从。侄者何？兄之子也。娣者何？弟也。诸侯一聘九女。"而实行这种制度的原因则是"参骨肉至亲，所以息阴讼；阴讼息，所以广继嗣"，即通过妻妾间的亲情减少家庭内的"交易成本"。波斯纳在《性与理性》中进一步认为："在多偶制社会中姐妹制很普遍。姐妹相互帮忙抚养孩子不仅是在交换服务，也是在直接帮助那些与自己有着共同基因的孩子。"与此相类似的制度是在女儿出嫁时，父亲会将一直和她一起生活的丫头送给她作为陪嫁，俗称"通房丫头"，以减少家庭可能出现的不和。

与此同时，一夫多妻制常使诸多妻子的性欲没有办法得到满足。为防止女性出轨，该制度对女性的自慰等行为一般比较宽容。如中山靖王刘胜为防止自己140多个妻妾出轨，亲自设计并找人制造了女性自慰用的阳具。（刘达临等：《大男女》）

同时，为防止女性出轨，在一夫多妻制下对女性的控制也较在一夫一妻制下严格，如裹小脚和"割礼"等多与一夫一妻多妾制或一夫多妻制相联系。

西方基督教世界在中世纪反对离婚的一个重要理由是允许自由离婚会形成事实上的一夫多妻制。因此在前现代社会，相较于一夫一妻制，一夫多妻制社会一般而言离婚较为自由。（波斯纳：《性与理性》）

一夫多妻制提高了女性的"价格"，增加了娶不起妻子的男性的数量。为减少由此造成的社会不稳定，统治者利用宗教手段鼓励男性独身，如成为佛教寺院中的和尚。这成为社会的一种替代性安排。这种相似安排在中世纪西方一夫一妻制基督教世界中同样存在：因为能娶得起妻子的男性有限，许多年轻的女性被送到修道院，独老终身。

一夫多妻制逐渐消亡的原因

一夫多妻制为什么会逐渐消亡？一般的观点认为，是基督教的传播和女权主义者的兴起造成了该制度的消亡。贝克尔则认为一夫多妻制消亡的主要原因是随着时代的发展，与一夫一妻制相比，一夫多妻制效率开始处于下风，也就自发地退出了历史的"婚恋市场"。韦斯特马克也认为一夫多妻制被一夫一妻制代替的原因之一是："人口众多的大家庭非但不再对生存斗争有任何的帮助，反而被许

多人视为不堪忍受的负担。"（韦斯特马克：《人类婚姻史》）

我们也可以从女性在"婚恋市场"中得到的收益变化的视角来考虑这个问题。当男女之间替代程度较差，即女性从事市场活动的边际生产力远低于男性时，单靠女性无法通过市场活动在社会上生存，一夫多妻制就比较普遍。这是因为在此时，女性保持单身的成本很高，只要男性给出很低的"价格"就能吸引女性组建家庭。当然，那些有钱人娶几个妻子也就很正常了。当女性具备自谋生路的能力时，实行一夫多妻制的成本上升，一夫多妻制也随之失去吸引力。在此时，女性通过市场活动获得的收益增加，保持单身的收益也随之增加，为娶到女性，男性需要支付的"价格"上升，能支付得起多个妻子"价格"的男性数量减少，一夫多妻制也就随之退出历史舞台。如在中国，由于西式工厂的兴起为女性提供了自谋生路的机会，从清末民初开始，妻妾制也逐渐消退。（干学平等：《现代经济学入门》）

造成一夫多妻制消退的另外一个原因是随着社会的发展，对小孩质量的投资变得更为重要。在此时，将资源集中于少数小孩身上而不是像撒胡椒粉一样分散到众多小孩身上更符合收益最大化需求。"因此，我们可以预见，父亲的养育投入越高，多妻的现象就越少，但并不必然为零。"（波斯纳：《性与理性》）

古代中国独特的妾

从表面看,中国古代社会实行的是严格的一夫一妻制,即一个丈夫只能娶一个妻子,除非妻死后再娶。《宋刑统》说:"诸有妻更娶妻者,徒一年,女家减一等。若欺妄而娶者,徒一年半,女家不坐,各离之。"但这种形式并不限制男人同时还有别的女人,即妾、婢等。因此,从严格意义上讲,中国实行的是一夫一妻多妾制。本文将分析妾和婢女等与一夫一妻多妾制相关的制度安排背后的经济理性及一夫一妻多妾制对中国传统社会稳定的影响。

妾的地位要低于妻

"妻者,齐也,秦晋为匹。妾通卖买,等数相悬。"(《唐律疏议·户婚》)"妻者,传家事,承祭祀。既具六礼,取则二仪。婢虽经放为良,岂堪承嫡之重。"(《宋刑统》)在中国古代,妻、妾和婢女有着不同的地位,同时,妾、婢女与妻子之间的地位也不能互换：妻不能变为妾，妾也不能上升为妻，婢女则只有在生了小孩而且从良的情况下才可以上升为妾。"诸以妻为妾，以婢为妻者，徒二年。以妾及客女为妻，以婢为妾者，徒一年半。各还正之"，"若婢有子，及经放为良者，听为妾"。（《宋刑统》）

在实行一夫多妻制的社会，男人最早娶来的妻子与其后来娶的妻子也存在地位不平等的现象。韦斯特马克这样写道："在一般情况下，显然都有这样的规定：在诸妻之中，有一人享有较高的社会地位，被视为正妻。在大多数情况下，享有这一殊荣的，都是最早娶来的妻子。"（韦斯特马克：《人类婚姻史》）

在妻妾制下，正妻享有妾没有的地位，妾以正室为女主。妾在一定的程度上还承担婢女的角色，如要侍候好正妻，做好正妻安排的工作，生的小孩子地位也没有正妻生的高。王位或官职的继承普遍采取"立长不立幼，立嫡不立庶"的制度。同时，妾、婢与妻之间的地位也不能互换。那么中国古代法律为什么要人为地区分各个妻子的不同地位呢？

我们假设社会不存在这样的制度，即在几个妻子之间不存在长幼秩序。我们能够预想到的是，每一位年轻貌美的女性都在等，等某位有钱男性的正妻年老色衰时嫁给那位男性，利用自己的年龄和美貌优势在家庭生活的各个方面取得优势。结果会是没有女性肯做正妻，组织家庭的"交易成本"增加，家庭乃至社会处于不稳定状态。这也正是京剧《铡美案》中，连皇帝都不能改变秦香莲为大而公主为小的事实。

同时，从婚姻契约的视角看，正妻在嫁给男方之前并不知道以后男方是否会娶小妾，而小妾则知道在自己之前他还有正妻。因此，正妻婚姻合同的风险要高于小妾的婚姻合同。为此，正妻索取的"价格"也应该高于小妾，而在家中妻子内部实行长幼有序的制度是对正妻合同风险的一种补偿。

"主妾无等，必危嫡子。"（《韩非子·爱臣》）与婚姻关系相对应的是继承制度。尽管中国人在分家时历来实行有子均分的原则，但在官职、家族地位、祭祀等方面实行的是嫡子继承制。况且，在习惯上，一些家庭也实行长房长孙继承与诸子继承相结合的分家方法。在这种情况下，如果妻妾之间的地位可以转换，也就意味着嫡庶子之间的地位可能会发生变化。这会增加家庭继承制度运行的成本。

小妾制度与中国传统社会的稳定

中国社会一直存在底层向上层流动的空间，科举制的实行更是为社会阶层间的流动提供了制度保证。良好的阶层流动性有助于社会机体内部的调节和更新，成为维持中国传统社会稳定的重要力量。与面向男性的科举制度类似，妻妾制度的实行也为生女家庭提供了社会地位上升的一条通道。

自愿的交易有利于提升交易双方的福利水平。有女儿的家庭面临着将女儿嫁给谁的选择：嫁给门当户对的家庭是一种选择，攀高枝则是另外一种选择。但如果你想嫁，别人还不想娶，那怎么办？以妾的形式嫁人是一种好方法。《世说新语》有这样的记载：

> 周浚作安东时，行猎，值暴雨，过汝南李氏。李氏富足，而男子不在。有女名络秀，闻外有贵人，与一婢于内宰猪羊，作数十人饮食，事事精办，不闻有人声。密觇之，独见一女子，状貌非常，浚因求为妾。父兄不许。络秀曰："门户殄瘁，何惜一女！若联姻贵族，将来或大益。"父兄从之。遂生伯仁兄弟。络秀语伯仁等："我所以屈节为汝家作妾，门户计耳。汝若不与吾家作亲亲者，吾亦不惜余年！"伯仁等悉从命。由此李氏在世，得方幅齿遇。

女方家庭常常宁愿将女儿以妾的身份嫁人社会地位高于自己的家庭也不愿意将女儿为妻嫁给社会地位相当的人。可见，前者给女方带来的收益要大于后者。这里要注意的是，在中国古代，结婚是合两姓之好，而妾与所谓的丈夫之间并不存在完整的婚姻关系。从理论上讲，男方与妾的娘家之间并没有对等的社会义务。但即使这种不对等关系也会提升女方家庭的地位。原因之一是将女儿"卖"给社会地位高的男人做小妾可以得到一笔货币收入。

有一些家庭甚至为将女儿"卖"个好价钱而做有针对性的训练。宋代廖莹中这样写道:"京都中下之户,不重生男,每生女则爱护如捧璧擎珠。甫长成,则随其姿质,教以艺业,用备士大夫采拾,娱侍名目不一。"(《江行杂录》)原因之二是妾所生的儿子在男方家庭中拥有继承权,母以子为贵是常见现象。对此,伊沛霞在《内闱:宋代的婚姻和妇女生活》中这样写道:"女仆可以利用年龄优势吸引主人的注意,多半可能升格为妾。妾可以专注于赢得并保住主人的宠爱,得到礼物和实惠,或许还可以和主人的母亲、妻子、婢女打成一片,使自己在家里有一个较好的处境。她们还可以把精力用于当一个好妈妈,盼望着孩子最终能眷顾她们。"因此,在古代农业社会缺乏社会流动性的条件下,妾婢制度为生女家庭从较低阶层向较高阶层流动提供了一种可能性,也增加了社会的稳定性。

一个稳定的社会,既要存在下层民众向上流动的空间,也要有上层民众向下流动的可能性。妻妾制度的存在也为富有的大家庭社会地位向下流动提供了一种可能性——使这种可能性产生的是中国历代实施的均分家产制度。《大清律例》规定:"其分析家财田产,不问妻、妾、婢生,止依子数均分。奸生之子,依子数量半分。"而一夫一妻多妾的家庭,生养小孩的数量往往大于一夫一妻的家庭。能"买"得起小妾的家庭往往是处于社会上层的富裕家庭。经过几辈的分析家产,一夫一妻多妾的家庭可能会因为子女众多而降低家庭的社会地位。这可能是中国相较于实行首子继承制的中世纪欧洲和日本社会流动性更强的原因所在。可能是为防止家庭财富因子女多而遭受损失，清代一些晋商家庭的家规中就有禁止儿子买小妾的规定。

婚姻制度是一项复杂而系统的制度安排。妻妾之间的地位设计等制度是综合考虑"家庭内交易成本"、继承制度的维持成本等因素的结果。

自愿的交易能提升交易双方的福利水平。女性可以通过妾的形式进入高门户家庭，提升自己和家庭的社会地位，而有钱人多娶妾，进而多生养，也为社会阶层的流动提供了可能性。

婚恋与道德

作为一名贝克尔和进化论的信徒,我以从经济学角度尤其是生物经济学角度解读婚姻为业余爱好,曾经出版过用经济学解释古今中外婚恋现象的小书——《婚恋与选择》。一些读者读完后表示脑洞大开;也有读者认为我的婚恋经济学没有考虑道德问题,是不完整的;甚至有一位女学生不满我对一夫多妻制的分析,对我表示极度鄙视——她说人和物是不同的,将女人看当物品,是可忍孰不可忍。

一个严谨的经济学者一般是坚守"道德中立"的立场,即在研究中坚持客观主义,不预设特定的道德立场。但"道德中立"并不意味着经济学者不可以研究道德问题。本文从经济学的视角,对婚恋与道德之间的关系进行简要论述。

第一,长久存在的婚恋道德本身一定符合经济理性。在传统社会,女性大门不出,二门不迈,很少单独见陌生男性。这些都是对女性的道德要求。其背后的经济理性是:尽管对女性的这种道德要求会降低女性的生产力,但同样也能减少男性养错小孩的概率,成本小于收益。"父母之命"是传统社会婚姻符合道德的必要条件。《孟子》云:"不待父母之命、媒妁之言,钻穴隙相窥,逾墙相从,则父母国人皆贱之。"其背后的经济理性是:在社会保险不发达的传统社会,婚姻是扩展家族互保的重要手段,基于子女偏好的自由恋爱会伤害家族之间的互保,进而可能伤害家族的生存。在婚姻道德上要求子女服从父母,是通过取消子女在婚姻上的选择权,减少家族未来所面临的不确定性。

第二,婚恋中的道德是降低"家庭内部交易成本"的一种手段,对婚姻关系的成立和延续具有重要的意义。在中国传统社会中,遵循三从四德的女性是有道德的,不遵循三从四德的女性则是不道德的。其原因就在于,女性嫁入男性家庭会极大增加男性家庭组织内部的"交易成本",使本来处于均衡或和谐的家庭因为"外人"的进入而出现裂痕。将三从四德作为女性在婚姻上的一种道德约束,可以减少女性嫁入男性家庭后增加的"交易成本",增加家庭的稳定性。在中国传统社会,不嫉妒是女性的美德,嫉妒甚至是休弃妻子时"七出"之一。其原因也在于在一夫一妻多妾制下,嫉妒会造成家庭内部"鸡飞狗跳",具有不嫉妒的"美德"的妻子对其他女性容忍度较高,可以降低家庭组织内部的"交易成本",即降低"鸡飞狗跳"状况出现的概率。

第三,从长期看,婚恋中的道德观念本身会随着外生约束的变化而变化。500年前的人,无论是男性还是女性,如果穿越到现代,看到女性和男性在一个学校读书、在大街上卿卿我我、婚前同居等，会觉得现代人在婚姻上缺乏道德；而现代人如果穿越到古代，看到女性遵守三从四德，会觉得这是对女性的歧视甚至摧残，是不道德的。同样的，500年后的人看现代人的爱情、婚姻和家庭，也可能会感到非常迂腐和可笑。

人类婚姻的未来

离婚率越来越高,同居成为潮流,婚外出轨的占比越来越大,选择独居的单身贵族越来越多,婚内孩子越生越少,婚外生育越来越普遍……

"在人均寿命不断延长的时代,一夫一妻制还适合富裕起来的人们追求多样化的生活和享受吗?"(李晓宏:《面对离婚冲击波》)现代婚姻怎么了?人类婚姻还有未来吗?本文试图运用经济学逻辑对这些问题进行阐释。

人类婚姻走向

作家池莉说:"家庭一直是一个激烈动荡的地带,是一个改弦易辙、与时俱进最快的世界。"本人关于人类婚姻将走向灭亡的论断,也正是基于婚姻约束条件的变化推理而得。关于婚姻的具体约束条件的重要变化有下述几点。

第一,人类婚姻的生物基础已经不复存在。

人类婚姻的生物基础是:女性用"贞洁"换取男性对自己及小孩的抚养。(详见本书《人类婚姻的生物本质》一文)婚姻中的男性给女性一个承诺——抚养女性和双方共同生育的后代;女性给男性一个承诺——后代的确是男性的。对此,邢铁在《宋代家庭研究》中这样写道:"之所以要通过结婚来限制性生活的范围,显然是要把'性生活—生育—抚养'搞成一个保障体系,即两个人生的小孩血缘关系清楚,责任和权利明确,孩子得到正常的抚养。"

现阶段,随着基因技术的进步,通过生物手段可以低成本地进行亲子鉴定。这就从技术上保证了男性不会养错小孩。因此,男性对女性的婚前和婚后"守贞"的要求得以降低。婚前同居和婚外性关系的增加只是人们对这种技术进步及其社会影响做出的合理反应罢了。亲子鉴定技术的进步同样意味着无论是否组建家庭,男性都无法摆脱抚养自己小孩的责任。在欧美以及中国的港澳台地区,时常出现某位富豪去世后有妇女拖儿带女地要求参与遗产分配,而最终的分配取决于亲子鉴定结果的事情。

因此,随着生物技术的进步,家庭存在的生物基础已经不再存在,女性不再需要用"贞洁"换取男性对自己及小孩的抚养。

第二,女性大规模参与市场活动以及社会保障体系的建立和完善减少了女性对婚姻的依赖。

在传统社会,女性以家庭内劳动换取男性对她及子女的抚养,女性对婚姻和家庭有着很深的依赖。但在现代社会,女性越来越多地参与市场活动,通过其自身的工作也能养活自己和小孩,她们对男性的经济依赖程度下降了。

与此同时,社会保障体系的完善也使得父亲在子女抚养中的地位下降。在传统社会,因为女性缺乏独立生存能力,她和子女的生存有赖于男性的经济支持。但在现代社会,随着社会保障制度的完善,纳税人共同帮助无法独立抚养小孩长大的妇女抚养孩子。这就形成了社会保障制度对父亲角色的替代,同样减少了男女组建家庭以共同抚养小孩的必要性。

第三,市场交易的技术进步速度快于"家庭内交易"的技术进步速度,市场将不断代替家庭,结婚的收益在不断减少。

结婚的目的是男女以家庭的形式获得分工合作的利得。人类以婚姻的形式组建家庭的原因在于通过"市场交易"得到这些"商品"和服务的成本大于通过"家庭内交易"得到这些"商品"和服务的成本。家庭能提供的"商品"和服务,如性、小孩、家务劳动、保险和教育等,市场同样能提供。然而,随着社会的发展和技术的进步,由市场提供传统上由家庭提供的"商品"和服务的成本大幅度下降了。例如:随着网络的发展,性更容易得到;随着服务业市场的发展,市场提供的家政服务的数量在不断增加,质量也在不断提升;作为重要的专用性资产的孩子的生养数量随着生养成本上升或生育管制而减少;组建家庭的保险功能被社会和商业保险部分代替。但通过家庭提供这些"商品"和服务的成本并未发生很大的变化。这就产生了市场交易对"家庭内交易"的替代。无论是家庭规模变小（即核心化），还是主动选择单身，均是市场交易代替"家庭交易"的典型反映。

在可以预见的未来，社会将继续向前发展，市场交易的成本也会进一步下降，市场交易对"家庭内交易"的替代仍将不断增加。当市场交易的成本全面低于"家庭内交易"的成本时，家庭存在的经济基础将不复存在。

因此，在基因技术进步、社会保障制度完善和市场交易成本下降等多重因素推进下，婚姻存在的基础将会不断丧失。在可以预见的未来，人类的婚姻制度可能会消亡，或以其他形式出现：爱情在，两个人结合；爱情消失，两个人分手；如果有孩子，两个人共同出钱、出力抚养。

母系社会会复兴

如果人类的婚姻制度消亡，新的家庭形式可能是什么呢？本人推测的结果是人类将重新回到母系社会。

在人类进入父系社会以前，存在相当长时间的母系社会。中国古代文化典籍对此有着生动的描述。如《吕氏春秋·恃君览》中就这样写道："昔太古尝无君矣。其民聚生群处，知母不知父，无亲戚兄弟夫妻男女之别，无上下长幼之道……"

母系社会在社会生产力比较落后的阶段存在的可能原因是：在初民社会，无论是成人的死亡率还是幼儿的夭折率均很高，单个男性无法给予一个或多个女性及其小孩足够的资源以保证其生存，女性只能用性资源换取多个男性对其提供保护，以降低她和小孩的生存风险，男性也将其资源分散于众多女性之中，以降低其基因无法延续的风险。性关系是多对多的关系，小孩只识其母而不知其父。

随着生产力的发展，单个男性已经有能力抚养一个或多个妇女及双方生育的小孩，于是以婚姻的形式规定性交范围，女性以"贞洁"换取男性的资源以保障自己和小孩的生存成为男女各自的理性选择。

随着基因技术的进步与父亲提供的资源对女性和小孩生存重要性的不断下降，婚姻制度可能解体，人类也可能重新回到母系社会。对于这一点，一些学者在分析离婚率不断提高对家庭的影响时有过论述。安德烈·比尔基埃等在其名著《家庭史》中这样写道："在多数情况下，离婚时'继承'孩子的也是母亲……至于以母亲为中心的家庭，在连续离婚日益增加的现代社会里，这种家庭难道不正在替代我们现在实行的一夫一妻制的家庭吗？"

人类婚姻的未来

尽管有一些社会学家认为婚姻制度是反社会的，但从人类文明发展史看，各个文明形态普遍对婚姻持有正面的观点，因为婚姻制度与生育，进而与民族、文明的延续紧密联系在一起。

随着现代社会对私人自由的强调，人们对离婚、出轨和婚外生育等现象日趋宽容，法律对这些现象的干预也日渐减少。而且，女性大规模参与市场劳作，社会保险等制度的完善，都使婚姻对个人来说价值下降，从个人利益最大化的角度出发，选择无婚姻的生活或多次婚姻生活的个人也越来越多。这就给人类的婚姻制度造成了很大的冲击，并形成了"人类婚姻没有未来"的发展趋势。不少学者为此忧心忡忡，从道德、社会利益或小孩的角度批评这种趋势，希望法律界和全社会积极行动起来改变这种趋势，重塑婚姻的价值。一位美国学者写道："当离婚和不法行为成为一种普遍现象，当单亲关系首次具有竞争力并最终取代双亲关系，当不止一些而是许多或绝大多数父母采用一种危险的模式养育子女，结果不仅使某些孩子遭受痛苦，还将导致整个社会的贫穷和美国文明的快速崩溃。"（安东尼·W.丹尼斯和罗伯特·罗森：《结婚与离婚的法经济学分析》）

为此，重塑婚姻价值在西方世界已经成为一种新的社会思潮，并被政府和宗教团体所推动。该思潮强调婚前"贞洁"，主张签订更难离婚的婚姻契约，希望以此来改变婚姻价值流逝的现状。伴随着中国社会婚姻问题的日益严重，该思潮也已经在中国得到快速传播并得到不少人的支持。那么，该思潮能否改变人类婚姻不断消亡的趋势呢？

法律和思潮的背后是经济理性。如果法律或思潮与经济理性相吻合，它们就会长久地对社会产生影响；如果法律或思潮与经济理性不相吻合，则它们能起的作用有限。就美国强调婚前"贞洁"的"银戒指"运动而言，社会学家的调查发现，尽管该运动能使签订婚前"贞洁协议"的女性开始性生活的时间推后18个月，但仍无法保证婚前"贞洁"，多数女性依然在20岁之前开始性生活。并且从统计学的角度看，我们无法排除这样的可能性，即本身对"贞洁"比较看重的女性才会去购买"银戒指"，即使没有该项运动，这些女性开始性生活的时间也会晚于社会平均时间。

因此，婚姻价值的逐渐丧失是婚姻制度成本收益变化的结果。宣传和法律尽管可以在一定程度上减缓婚姻制度消亡的进程，但因其并没有显著改变维持婚姻的成本和收益，也就无法从根本上改变婚姻逐渐消亡的命运。

此外，一些人从道德的角度对婚姻价值的逐渐消亡表示了担忧。其实，人类的道德会随着社会的发展不断演进。特定的婚姻制度会有与其相适应的婚姻道德。婚姻制度改变，婚姻道德也会随之发生改变。

在无婚姻状态下人们如何约束男性的"只生不养"行为？社会保障体系是否应该为男性的"只生不养"行为买单？如何减少父亲角色的缺失对孩子成长所造成的伤害？法律，你已经为人类无婚姻的未来做好准备了吗？

第三篇

家 庭

家庭的组建不仅是出于性爱和孩子的单纯"消费"考虑,也是为了降低合作的"交易成本"。男女彼此结合,扬长避短,能使家庭产出最大化。

家庭的成因

——基于"交易成本"的视角

贝克尔认为男女搭配的婚姻有利于家庭收入的最大化。但我们也可以看到婚姻的收益,至少是部分收益,可以用其他组织代替实现,而且婚姻也并不必然要求在男女之间进行——在许多时候,两个男性或两个女性同样可以发挥分工优势并实现规模经济。那么,为什么世界上绝大多数的人要以男女搭配的形式组建家庭呢?

大家所能想到的第一个原因可能是性的满足。《礼记·礼运》称:"饮食男女,人之大欲存焉。"每一个正常的男女都有性欲,而性欲的满足则需要男女双方的合作。但费孝通在《生育制度》中指出:"人类性欲的满足即使没有配偶、婚姻和家庭,同样是可以得到的。"所以"性合作"并不必然在家庭中进行,也不必然以家庭的形式出现。性爱活动可以在家中进行,也可以在旅馆中进行。性爱的伙伴并不必然是固定的伴侣,也可以是临时的性伙伴。即使是比较固定的伙伴也并不必然是婚姻关系,还可以是同居关系、情人关系等。同时,也不是所有家庭的夫妻都有性爱,如男方或女方有"隐疾"

或有些老年人的夫妻生活与性无关，现在一些地方还出现了无性婚姻介绍所。

大家所能想到的第二个原因可能是小孩的抚养。"孩子是家成其为家的根据。没有孩子，家至多是一场有点儿过分认真的爱情游戏。有了孩子，家才有了自身的实质和事业。"（周国平：《爱的五重奏》）毫无疑问，小孩是家庭存在的一个重要条件，因为小孩作为专用性资产，其存在增加了父母结婚和减少离婚的动因。抚养孩子需要花费双亲大量的时间和金钱，单靠个人很难将孩子养育成人。而且一位忙于抚养孩子的妇女就不会有时间在市场上工作以赚取她补充投入（如食物和衣服等）所需要的钱，所以，妇女在家中工作以换取丈夫在市场上工作。从"自私的基因"的角度来说，男性也不希望自己的孩子被别的男人抚养。因此，他"购买"她对他们共同孩子的照顾。我们在现实生活中也常见女方借怀孕强迫男的结婚，即"奉子成婚"的现象。如1985年法国的国家调查表明，有超过一半的同居者认为对孩子好是他们结婚的决定性理由。因此，为数不少的经济学家认为孩子是婚姻家庭的基础，因为性和家政服务等都可以通过市场购买到，只有自己的孩子无法从市场上购买。费孝通这样写道："婚姻是人为的仪式，用以结合男女为夫妻，在社会公认之下，约定以永久共处的方式共同担负抚养子女的责任。"（费孝通：《生育制度》）而"在许多的民族中，男女之间的真正婚姻生活，并不从正式宣布结婚或订婚的时候开始，只有当孩子出

生或者已明显怀孕时，婚姻关系才算最终确立"。（韦斯特马克：《人类婚姻史》）

但也有经济学家认为孩子与家庭之间没必然的联系。科技的发展已经使试管婴儿的技术成熟，并已有体外受精的孩子出生；借腹生子自古便有，也非今日所独有的现象；城市双职工家庭中已经出现丁克一族；现在城市里的单亲家庭也大量出现——或者是未婚生子，或者是生了孩子后夫妻离异而形成单亲家庭。这些有偶无子和有子无偶的实际情况，显示家庭与孩子并没有必然的联系。

其实，上面看似相互冲突的观点都可以整合到组织的交易成本经济学的统一分析框架之中。分析的基本逻辑是：我们可以通过市场进行交易和组建家庭进行"内部交易"这两种不同的形式完成家务劳动、性爱和生养小孩等活动，而组建家庭与否则涉及家庭组织"内部交易"和市场交易之间交易成本的比较。

科斯在《社会成本问题》中指出了交易中的五种成本：对交易对象了解的成本，交易接触的成本，谈判的成本，合约的成本，检查的成本。

正是交易成本的存在，使得企业等组织有存在的必要。但组织内部交易同样存在着自身的问题，因为组织内部交易会发生管理（交易）成本问题。因此，通过市场购买产品还是通过企业（组织）购买要素自己生产产品取决于组织内交易和市场交易之间成本的比较。

交易成本涉及专用资产、交易频率、风险与不确定性等众多因素。就家庭组织而言，其"交易成本"有下述优势。

1. 当合作收益的空间存在于许多琐碎小事的活动上时，采取向市场购买的"交易成本"就与活动数量成正比。波斯纳这样描述婚姻对交易成本的节约："婚姻参与者可能通过互惠服务来支付对方的服务，因此，他们不需要为每次服务的定价、记账以及其他操心。"（波斯纳：《性与理性》）

2. 交易成本也和市场交易的风险相联系。例如，你不知道你在市场上雇的管家会不会将你的家产卷走，你也不知道你在市场上"购买"的性会不会让你染上性病……

3. 订立婚姻这个长期契约的另一个重要的动机在于对特定资产进行有意义的投资，该资产的特点在于一旦双方的投资计划提前终止，资产价值就会大幅度缩水。交易成本经济学认为，该资产的存在会增加市场交易的成本。假如你喜欢吃一种叫蜜汁红烧肉的菜，但为吃到它，你需要对你雇的厨师进行专门的培训。但接下来出现的问题是：当厨师做的红烧肉越来越合你口味的时候，他提出了加薪的要求，你答不答应？当然，你在掏钱给他培训厨艺的时候就会考虑到这种可能性，因此，你可能不会去掏这笔培训费，但你同样也吃不到你喜欢的蜜汁红烧肉。

因此，从"交易成本"的视角看，家庭的成因有如下几点。

1. 家庭是一个与企业一样的生产单位，夫妻双方通过婚姻这一把他们长期结合在一起的契约,代替了反复协商和不间断地监督家庭生活每天所必需的、数不清的契约,避免了不断(多次)签订契约的高昂交易费用。在家庭内部组织生产,比商业性的多次签约更为便宜。因此,尽管家庭生产中的很多产品和服务,如保险、家政服务和性等,在市场上同样可以买到,但通过家庭生产的方式得到,"交易成本"更低,风险也更小。例如,因为现实市场中性交易的双方对所生孩子抚养上的贡献很难计算,也很难监督,所以"交易成本"很高。因此,结成夫妻、成立家庭使得性"交易"的搜寻成本和讨价还价等成本降低。

2. 孩子并不是决定"交易成本"的唯一因素,当其他因素决定的交易成本较高时,即使孩子不存在,家庭也会存在。但作为专用性资产最重要的组成部分,孩子的作用对家庭存在具有的价值也不容低估。波斯纳就这样认为:"虽然许多婚姻是没有孩子的,只有很少一些婚姻自我选择不要孩子,但我们还是很难相信:如果大多数人不要孩子的话,婚姻还会是一种普遍的制度吗?"(波斯纳:《法律的经济分析》)

总结上面的分析可以得出结论:交易的频率越高,交易的风险越大;交易涉及的专用性资产越多,组建家庭的收益就越大。但夫妻之间的沟通也需要"交易成本"。因此,当一对男女试探组建家庭时,只有双方判断组成家庭的交易成本够小,两人才会同时选择组建家庭;否则,两人只能继续相互试探,或更换伴侣,或决定成为"单身贵族"。因此,家庭的组建不仅是出于性爱和孩子的单纯"消费"考虑,而且是为了降低合作的"交易成本"。

家庭的存在说明了市场交易的成本要比家庭组织内的"交易成本"高,否则就不会有家庭的存在。爱情作为降低"家庭内交易成本"的一个重要因素,在家庭组建中起着重要的作用。离婚率和独身率越来越高则说明在技术进步速度方面,市场要快于家庭;相对于"家庭组织内交易成本",市场交易的成本有了明显降低。

家庭内分工

（一）

《周易·家人》说："女正位乎内，男正位乎外。"《礼记》说："诸侯耕助，以供粢盛；夫人蚕缫，以为衣服。"在中国传统文化中，妇女有供酒食、侍巾栉和执箕帚的义务。繁体字的"妇"写作"婦"，由"女"和"帚"组成，就是这个意思。黄梅戏《天仙配》这样唱道："你耕田来我织布，我挑水来你浇园。""男耕女织"一直是中国家庭的传统分工形式。这种情形在世界范围内也普遍存在。康有为在《大同书》中这样写道："虽欧美之俗，室内亦皆由妇女治之，盖亦'在中馈''惟酒食是议'者也。若夫日本、印度、波斯、南洋，其妇女莫不以司庖烹饪为事。"

随着女权主义的兴起和女性走出家门走向社会，女性的社会地位得到极大的提高。男女之间的分工格局有松动的趋势。尽管如此，从现实看，夫妻双方的分工格局并没有得到根本的改变，"男主外、女主内"仍是夫妻之间流行的分工模式。甚至在经过新中国成立后40多年的男女同工同酬教育和实践后,在后来的市场经济大潮中,仍出现女性向家庭回流的趋势。可见男女分工有其合理性在里面。

本文将从男女有别入手,结合国际贸易理论,分析家庭内分工。

(二)

婚姻其实是男女自身作价的一种"物物交易"。男女彼此用包括身体在内的所有的资源相互交换,以获得"交易"的好处。经济学认为自愿的交易有利于提升交易双方的福利水平,以婚姻的形式实现两性之间的"交易"以提升各自的福利水平,也正是婚姻存在的经济根源之一。

男女之间为什么能够通过婚姻这个平台进行"交易"?两性在其提供的"产品"的相对价格或品质等方面存在差异是双方进行"交易"的基础。那么造成两性提供的"产品"存在差异的原因是什么呢?

可能原因之一是亚当·斯密提出的绝对优势理论。该理论认为两个交易者能够从交易中获利是因为两人均有生产率高于对方的产品,每个人用自己生产率较高的产品交换对方生产率较高的产品,就能实现交易的利益。

按照绝对优势理论,"男主外、女主内"的分工格局形成的原因在于男性从事社会性生产具有绝对优势,而女性从事家庭内生产具有绝对优势。分析一下两性的生理特点就可以在一定程度上明白这一点。相对于女性，男性在体力上具有优势，而在狩猎、种田等市场活动中，体力是生产率的基础；相对于男性，女性延续基因相对困难，在进化的作用下，形成女性在照顾小孩上的绝对优势。"所以，两性劳动分工，而且从此产生的家庭两性分工，其根源可能是低龄儿童对母亲的长期依赖。"（安德烈·比尔基埃等：《家庭史》）因此男性以种田等市场活动换取女性在家照顾小孩，有利于提升男女双方的福利水平。

可能原因之二是大卫·李嘉图的比较优势理论。该理论认为"天生我材必有用"，即使一个万事不如人的人，也具有自己的比较优势，也能通过交易获益。该理论分析逻辑的核心是机会成本理论。即使一个人在从事所有的事情上均具有绝对优势，但在领先于对方的程度上存在差别，一个人一般会从事其领先于别人程度最大的事情。比较优势理论可以用来说明国际生产专业化，也可以用来解释为什么商品并不一定皆由最好的生产者生产。例如，速度最快的打字员可能不是专业打字员而是律师，最好的结账员可能不是学会计的而是熟练的程序设计师。

一个男性可能在从事家务劳作（如做饭）和出门打拼等方面均强于女性，但他在出门打拼方面优势更多。此时有效率的分工结构是男性将时间主要配置给其具有比较优势的市场活动，女性则将时间主要配置给其具有比较优势的家务劳动，两性通过分工和"交易"

能实现双方福利的提升。

正是两性在家庭和市场活动中普遍存在相对优势（也包括绝对优势）的差别，造成了两性间普遍的"男主外、女主内"分工格局。

"在生产和照料孩子方面，男女之间存在着生物意义上的差别，而生理上的差别强化了在市场和家庭技艺上的专业化投资。"（贝克尔：《家庭论》）随着男性和女性分工结构的形成，两性之间对人力资本的投资方向也会形成差别：女性会在提高家务劳动效率方面进行人力资本投资；男性则会在提高市场活动效率方面进行人力资本投资。人力资本投资的偏向性增加了男性从事市场活动的比较优势，也增加了女性从事家务劳动的比较优势，最终锁定了两性之间的分工格局。

值得强调的是，提升未来生产率以使得其在未来"婚恋市场"上更具吸引力的人力资本投资在男女很小的时候就进行了，而这种人力资本投资往往与未来男女在家庭内的专业化分工格局相一致。"女孩从小就被灌输女德女行，男孩则被训练如何做一个大丈夫。"（波伏娃：《第二性》）在中国古代，父母对女孩从小就进行"女红"方面的训练，对男孩则从小就进行读书识字或耕种方面的训练。这种人力资本投资的差异进一步加大了男性从事市场活动和女性从事家务活动的收益。即使在一些特定的家庭中，男性和女性在人力资本的初始禀赋上是"女主外、男主内"，其分工结构也可能会因为从小的教育而发生改变。

（三）

尽管分工和交易会使社会总福利水平上升，但分工的利得在交易双方之间的分配则取决于双方的谈判能力。这一点在家庭内夫妻之间的分工和"交易"中同样成立。那么，社会对这种福利的分配有着什么样的规定？这种规定对分工格局有着什么样的影响？

女性从事的是家庭内的生产，其人力资本投资也主要集中在家务劳动方面，这会对其市场生产的效率造成不利影响。男性从事的是市场生产，其人力资本投资也集中于该方面。这种分工格局形成了男女之间不对等的依赖，即女性对男性的依赖大于男性对女性的依赖。为避免男性的始乱终弃行为伤害专于生儿育女和其他家务劳动的妇女的利益，她们就需要与丈夫签订长期契约。几乎所有社会都对已婚妇女进行长期保护，这种保护的形式就是婚约。也正是因为有婚约的保护，女性才愿意接受"男主外、女主内"的分工格局，以达到家庭产出的最大化。如果没有婚约保护，无论是男性还是女性，都无法获得两性分工的收益。因此，从长远的角度看，婚姻合约在保护女性的同时，也增加了男性的收益。

但婚姻合约对女性的保护是不充分的，在离婚自由化的今天更是如此。这种保护的不充分会对家庭内分工产生什么样的影响呢？

如果婚姻关系破裂，男性人力资本投资的价值，如其拓展的人际关系网络,并没有受到伤害,而女性人力资本投资的价值则受到伤害。这是因为,"在婚姻关系中,在家操持家务的一方具备提供家庭服务的技能,但这种技能一旦离开婚姻这个载体,将失去价值。而由于长期在家,他们挣钱的能力将极大地下降"。(安东尼·W.丹尼斯和罗伯特·罗森:《结婚与离婚的法经济学分析》)即使现有的离婚时家庭财产平分的政策,对女性也是不公平的,因为其能分到的仅仅是家庭的有形财产,并无法分到家庭的无形资产——男性的人力资本或者男性的赚钱能力。问题的关键在于男性赚钱能力的提升是以女性市场生产效率下降为代价取得的。因此,有些国家的婚姻法规定,离婚的夫妻除了财产平分外,男性还要供给女性生活所需到女性重新结婚。其中的逻辑就是男性补偿女性因离婚而造成的人力资本损失,直到其人力资本因再婚得到恢复或部分恢复为止。(波斯纳:《法律的经济分析》)在中国,也存在通过彩礼等形式对女性的付出进行提前支付的现象。

此外,女性在进行家庭内的人力资本投资时,为获取专业化分工的好处,其人力资本投资还会针对其丈夫和小孩的需要做有针对性的调整。如果她丈夫对蜜汁红烧肉有特别的偏好,那么她在蜜汁红烧肉上投入的人力资本就会超过制作其他菜的人力资本,其对蜜汁红烧肉的人力资本投资构成专用性资产投资。如果婚姻解体,该投资会丧失部分价值,这就构成女性对男性的不对等依赖。男性可能会利用这种不对等依赖对女性"敲竹杠",让其减少在"婚恋市场"上的讨价还价能力。而女性为了防止男性"敲竹杠",事先就会减少专用性资产投资。

总之,因为多数国家的法律并没有规定女性可以在离婚后继续分享男性的人力资本,加上女性会因为离婚而丧失其针对丈夫的专用性资产投资,所以在离婚很容易的社会中,为防止可能的离婚带来经济损失,女性会增加对市场的人力资本投资并减少对家庭的人力资本投资,尤其是减少针对丈夫的专用性资产投资。这就降低了家庭内分工的程度,进而减少了婚姻的收益,并进一步提高了离婚率。因此,离婚率与女性对家庭的人力资本投资之间存在明显的负向促进关系。

最后,我以贝克尔在《家庭论》中的论述总结男女在家庭内的分工:"家庭之所以会延绵长存,其原因在于,家庭生产以明确、细致的分工协作为基础。最初的分工发生在已婚男女之间,妇女主要致力于生儿育女、操持家务等非市场活动,而男性则专心于狩猎、种田等市场活动。成员间的这种分工部分地取决于生理上的差异,但主要取决于经验和人力资本投资上的不同。这种差异的存在构成家庭生产的物质基础。男女彼此结合,扬长避短,能使家庭产出最大化。因此,一个完全家庭的生产效率要比不完全家庭的生产效率高。"

大家庭变成小家庭

（一）

为什么作为同胞兄弟，在父母去世不久，甚至父母仍在世时就会分家？为什么在我们父母那一代，堂表兄弟姐妹之间的联系会非常紧密，而现在的联系会越来越少？为什么与老人合住的家庭会越来越少？为什么古代社会非常强调家族，而现代社会强调核心家庭？

这些问题涉及家庭规模问题。我们可以用科斯等学者发展出来的组织（企业）规模理论来解释这些问题。

家庭规模取决于两个因素：一是生养小孩的数量；二是家庭成员包括哪些，即"这个家庭有多大的能力将他们所生子女以外的人聚集在一个屋檐下"（安德烈·比尔基埃等：《家庭史》）。生养小孩子的数量取决于父母基于成本收益的理性选择，这在本书中另有论述。本文主要分析因家庭成员的变化而引起的家庭变化。

组织规模经济学认为,组织规模的扩张取决于对扩张成本和收益的权衡。规模扩张的收益是规模经济,成本则是组织与管理协调成本。

就家庭而言,规模的扩大使分工变细,有利于提高家庭生产的效率,分担家庭成员面临的风险。在社会动荡时期,家庭规模的扩大提高了家庭应对外部威胁的能力。这是家庭规模扩大的收益。关于家庭的规模经济,郑振满在《明清福建家族组织与社会变迁》中这样写道:"从表面上看,大家庭的发展要有一定的经济基础,因而往往导致一种误解,认为只有富裕者阶层才能维持大家庭生活。但实际上,良好的家庭经济状况,往往不是大家庭发展的原因,而是大家庭发展的结果。清代福建有不少富裕的家庭,都是从贫寒的家境发展而来。"

与此同时,家庭规模的扩大也会带来规模不经济。随着家庭规模的扩大,家庭成员之间偏好的差异也就会扩大。这会极大地增加家庭内部的组织协调成本,从而造成家庭规模不经济。

历史学家吕思勉在《中国通史》中对于家庭规模经济与异质偏好成本之间的权衡做了生动的描述:"在经济上,合则力强,分则力弱。以昔时的生活程度论,一夫一妇,在生产和消费方面,实多不能自立的……然经济上虽有此需要,而私产制度,业已深入人心,父子兄弟之间,亦不能无分彼此。于是一方面囿于旧见解,迫于经济情形,不能不合;另一方面受私有财产风气的影响,则要求分。暗斗明争,家庭遂成为苦海。"

因此,理性的家庭会考虑家庭规模扩大给家庭带来的成本和收益。家庭规模边际扩张的成本等于收益的那个点,就是家庭规模的最优点。

(二)

在古代中国,一个家庭如何在以农业生产为主、社会保障不发达、生存条件较差的环境下生存下去?一般而言,办法是通过降低家庭内的"交易成本"来维持较大的家庭规模,以实现家庭内分工的规模经济。

为此,中国古代社会发展出一系列降低"家庭内交易成本"的办法,主要包括:以孝道协调代际关系,以悌道协调同辈间的横向关系,以夫妇之道协调夫妻关系。

在日常生活和婚嫁时,父母的意志代替了子女的意志,"礼义、道德、宗教都赞同对父亲意志完全顺从与屈抑,而绝对制裁一切个性与独立"。(李银河:《生育与村落文化》)家庭对女性从小就灌输三从四德的思想,以降低她嫁入婆家后与新的家庭成员之间分工合作的成本。父母为防止子女离开造成事实上的分家局面,强调"父母在,不远游,游必有方"为孝道的一种。家庭成员对家庭贡献常常难以衡量，子女之间由此而产生的纷争会提高家庭内的"交易成本"。因此，家长在安排子女工作时，把可衡量当作重要标准，如要求子女从事生产率和风险差距不大的农耕生产。为避免妻妾不和增加家庭内的"交易成本"，不嫉妒被誉为女性的美德。妯娌间的矛盾可能会影响兄弟间的感情进而影响家庭的稳定，所以婆婆负责妯娌间的工作分配和对偷懒等行为进行监督，不听妇人言被誉为男性的美德……

为协调家庭内的生产和分配，必须有一个户主。户主一般为父亲，主要原因在于父亲对子女的权威是从小建立的，文化和法律也制裁对父母意见不顺从的行为。父母对子女的利他主义是天性，他们一般能从家庭收入最大化角度思考问题，且能在生产和分配中保持对诸兄弟的相对公平。因此父母作为家庭的最终决策者降低了家庭内的"交易成本"。但当父母年老无法承担协调沟通责任时，尤其是当父母去世后，兄弟间的分工和产品分配没有了一个强制执行的第三方，"交易成本"急剧增加。"父亲命归黄泉后，已婚的两兄弟就很难维持一个大家庭。"（贝克尔：《家庭论》）对此，西方有谚语曰："父母砍不断，兄弟姐妹可砍断。"（安德烈·比尔基埃等：《家庭史》）

因此，随着家庭规模的扩大，血缘关系复杂化，偏好差异凸显，偷懒和渎职行为增加，组织内部的"交易成本"急剧上升。这给家庭管理带来很大的困难。家庭规模与"家庭内交易成本"的关系在一些历史上有名的大家庭中得到充分的体现。唐高宗询问当时颇负盛名的义居大家的户主张公艺有何治家之道，张公艺老泪横流说不出话，只是连写了一百多个"忍"字。（邢铁：《中国家庭史·第三卷：宋辽金元时期》）

（三）

社会学家帕森斯有个著名的假说：在现代化过程中，家庭会经历从扩大型家庭到核心家庭的转变，即亲属团体解体和核心家庭出现。核心家庭的成员摆脱了对远亲的义务，但更重视配偶间的义务。（李银河：《生育与村落文化》）这个过程在中国非常显著，堂表兄弟姐妹间联系的减少只是其中一个重要表现而已。出现这种现象的原因可以从家庭规模经济的减少和维持大家庭成本的增加来说明。

第一，国家职能和社会职能对家庭职能的代替。

李银河在《生育与村落文化》中认为中国传统家庭具有许多功能，如宗教功能（祖先崇拜）、司法功能（血亲复仇）、保护功能（保护住房财产）、经济功能（生产）、社会化功能（子女教育）、生育功能以及文化功能等。随着社会的发展，这些功能有不少部分逐渐转移到社会和国家层面，如学校教育对家庭教育的替代、司法等制度对血亲复仇的替代等。这就减少了家庭的规模经济，家庭的核心化反映的就是这一点。

在古代，人们缺乏养老、医疗等社会保险，金融业又不发达，通过家庭内成员的互保以抵御不确定性成为人们的理性选择。吕思勉在《中国通史》中就这样写道："家庭的组织，是经济上的一个单位，所以是尽相生相养之道的。相生相养之道，是老者需人奉养，幼者需人抚育。"从保险的角度讲，家庭成员越多，就越能降低非系统性风险。在日常生活中和堂表兄弟联系得越紧密，也就越能在发生突发事情或一家无力承担的事情如红白喜事时，得到他们的援助。因此，"亲属关系纽带的存在是一张防备危机和困难的保险单"。（李银河：《生育与村落文化》）因此，古人不但重视大家庭，也重视家族内部的合作，宗族在个人生活中也占据着重要的位置。其根源就在于以血缘为纽带的互保。

与此同时，在古代中国缺乏完善的养老保险制度的情况下，养儿防老几乎是老人养老的唯一形式。为防止子女遗弃老人给社会造成压力，统治阶级除了强调"孝道"外，历朝历代均通过法律规定，如果父母不同意就不能分析家产。例如，《唐律》规定："诸祖父母、父母在，而子孙别籍、异财者，徒三年。"

对于相对静止的传统社会而言，老人在生产和生活中积累的经验对于年轻人具有重要的意义，教育也是以家庭教育的形式实现知识从老一代向年轻一代的传递。因此，"可以把家庭看作是一所小型的专门学校，它为特殊职业、耕种和手工作坊培训学生，并且在这些毕业生的资格得到社会正式认可之前，家庭负责担保他们的这

一资格"。(贝克尔:《家庭论》)

随着社会的发展,社会保障体系和学校教育制度逐渐建立,养老和医疗等保险从家庭和家族转移到国家和社会层面以实现更大范围的规模经济。市场保险是建立在千百万个家庭经验基础之上的,它可以对火灾、死亡、年老、疾病以及其他灾难提供一种任何单个家庭都无法比拟的有效保护。(贝克尔:《家庭论》)个人对家庭和家族的依赖降低,堂表兄弟之间关系的削弱正是这种功能替代的表现。有学者将其生动地描述为"公民世界代替了'堂兄弟、表兄弟'的世界"。(安德烈·比尔基埃等:《家庭史》)

第二,古代中国发展出一系列的制度安排来降低家庭管理的成本。因为家庭内的相互保险对于传统家庭的生存和延续具有最重要的意义,所以这些制度的一个重要特征是为降低风险不惜伤害成员的生产效率和个人隐私,如将家庭成员限制在固定的范围和职业以便观察其行为,相互监督以降低整个家庭所面临的不确定性等。

随着工业化时代的来临,这些制度的实施成本增加,家庭管理的成本增加。例如:随着社会的发展,人员的流动性增加,限制家庭成员的就业区域和职业种类的成本增加;随着女性的职业化,其在家庭中的地位上升,三从四德教育的成本增加……这就使得"家族不仅不再对关于监督和控制其成员的这类事情感兴趣,而且也没有能力再来管这类事情了"。(贝克尔:《家庭论》)

因此,家庭规模的降低,即核心化,是"家庭内交易成本"增加和"家庭内分工收益"降低双重作用的结果。

家庭中的利己和利他

经济学的基本假设是人是自利的,但我们可以发现在家庭内普遍存在利他现象。这是否意味着经济学的自利假设在分析家庭时是失效？如果真是那样,那就意味着经济学的普适性存在问题。如果家庭内的利他与利己是统一的,我们又该如何看待利他中的利己呢？

第一,中国古代儒家思想认为,和家人、亲戚、朋友、陌生人相处的行为模式是不一样的。费孝通先生将其归纳为"差序格局"。

恋爱中的女生常问的一个问题是："如果我和你妈同时落水,你会先救哪一个？"从经济学的角度看,女朋友和母亲落水,先救哪个是比较难以选择的事情,因为女朋友与自己之间和母亲与自己之间是等距离的。但如果落水的是你的小孩和亲戚的小孩呢？一般人的选择应该会非常明确：先救自己的小孩。在当今世界,如果出现先救亲戚小孩的现象,新闻媒体会不断报道,搞不好会成为"感动中国人物"。为什么？少见呗！因此,家庭（家族）内部的利他主义会随着与自己血缘关系的减弱而减弱。利他主义是以自己为核心展开，利他是利己的表现形式之一。

社会学家帕森斯认为："家庭关系就像一头洋葱一样，可以被看作具有一系列的层。每一层都是逐次离位于中心位置的人越来越远的。不断增加的社会距离是以位于'洋葱'结构中心个体和外人之间的关系纽带逐渐弱化来表示的。"（大卫·切尔：《家庭生活的社会学》）

汉密尔顿的亲族选择理论为上述现象提供了生物社会学基础。人们对自己的子孙和有血缘关系的近亲慈善是隐含着基因利益的，因为他们的亲人和他们有着相同或非常近似的基因，帮助亲戚就是为了使和自己相同的基因得到更多的繁衍复制，对亲属的利他实际上是基因的自私。因此，根据该理论，亲戚在血缘上和我们越近，我们对他们就越好。（陈心想：《人为什么会有利他行为？》）

第二，对孩子的爱是基于生物延续自己基因的利己动机。"如果孩子从文化和生物学上'继承'了类似父母的特性，那么，具有较强利他主义的家庭在长时间内就会相对较多。几千年来运行的这种选择机制，将使现代社会里对孩子的利他主义随处可见。"（贝克尔：《家庭论》）

从生物学的视角看，人类的生存是一种基因的延续。其表现形式有两种：一种是自己的生存，另一种是保存和携带自己部分基因的子孙后代的生存。因此，即使父母对小孩的爱是无私的，其也面临着将资源投向自己还是投向小孩的选择。最终的利他程度取决于父母对这两者的权衡。马里根1993年在芝加哥大学的博士论文中这样写道:"父母的选择是被无私地激发出来的。父母之所以把自己的一些资源奉献给子女,是因为他们希望自己的孩子能够高兴和如愿以偿。父母之所以不将全部资源奉献给子女,是因为子女的成功不是他们的唯一关注。这种关注必须与别的相平衡,特别是花在他们自己身上的渴望。"(奥弗特瓦尔德:《芝加哥学派》)

西方的童话中有大量邪恶继母或继父的故事,这样的故事也已经被现实中的调查所部分证实。"继母(尤其当她们有自己的孩子时)经常坦白说她们憎恶丈夫第一次婚姻留下的孩子,并视他们为入侵者。"(安东尼·W.丹尼斯和罗伯特·罗森:《结婚与离婚的法经济学分析》)而从自身基因延续的角度去考虑我们就很容易理解,因为丈夫以前婚姻留下的小孩会减少拥有自己基因的小孩可用资源的数量,从而对自己小孩的生存造成不利影响。社会学学者在做调查时同样发现,年轻并具有生育能力的母亲再嫁后,非亲生小孩的死亡率要大于年老并丧失生育能力母亲再嫁后非亲生小孩的死亡率。自私的基因在家庭利他环境中得到充分的体现。

第三,和市场交换相反,在家庭生活中,利他主义可以减少家庭成员间的摩擦,进而降低家庭组织内部的"交易成本",有效提高家庭成员的产出水平,并保证家庭成员能够抵御自然灾害及其他不可测事件。因此,利他和利己在家庭生活中是相互统一的。

第四，家庭的利他行为也充满着利己的考量，无论父母对小孩的爱还是小孩对父母的爱均是如此。

熊秉元教授在其经济学散文集《金字塔的秘密》中讲到了一个这样的故事：如果父母期望将来和子女相处的时间比较长，就会在孩子成长的过程中投入比较多的心血；父母对于和自己住在一起的子女媳婿通常比较严格，但对于住在外地的年轻人反而比较和悦客气。从经济学的角度看，人是自利的，如果明知将来不会和子女长久相处，当然不会付出无谓的心血。和自己同住的子女亲戚可能别无去处，父母对他们凶一点无所谓；而父母对住在外地的子女"垄断力"有限，对他们不好可能他们以后就不常回来了。所以，厚此薄彼当然事出有因。而经济学研究同样发现，当预期子女反哺的程度（比例）越高时，父母对孩子人力资本的投资也就越大。

父母对子女的利他主义的爱含有利己主义的考量的又一个证据是，经济学家通过实证研究发现，离婚后非监护方和子女的联系会减少，而他们之间的亲子情结也会弱化。（苏珊娜·格罗斯巴德·舍特曼主编：《婚姻与经济》）而其可能的原因是离婚后的非监护方得到子女的感情和物质回报的可能性降低。

即使是孝，背后也包含着利己的因素。父母均希望成年后的子女常回家看看。经济学家的实证研究发现，富有家庭的孩子比穷人家的孩子更多回家看父母，而对这个现象的合理解释是富有的父母通过遗产权的控制促使子女讨好自己。（贝克尔：《家庭论》）

第五，贝克尔在《家庭论》中提出了著名的"不孝子定理"。它说的是，为人父母者对于子女都具有利他心，都会为子女的利益和幸福着想——虽对不同的子女会有程度上的差别，但都会为每个小孩的利益着想。不过，为人子女者却往往有自私自利者——贝克尔就称这些只具私心却没有利他心的子女为"坏小孩"。"坏小孩"不但不会为其兄弟姐妹的利益着想，甚至不会顾及父母的利益，为了自己的利益还会侵害兄弟姐妹和父母的利益。但奇怪的是，这些"坏小孩"也会努力使整个家庭的总产出或总所得增加，只因具利他心的父母会将好处分给众子女。因此，为了自身利益，这些"坏小孩"也会表现得好像具有利他心的乖小孩一样。由此可见，只要父母有利他心，自利的子女的行为也会表现出明显的利他倾向。而父母对小孩的利他是基于生物学上基因延续的需要，是天生的。因父母利他，整个家庭成员也表现出利他主义。

第六，我们也可以从家族制的盛行来看待家庭（家族）内的利他主义。从经济学的视角看，家庭（家族）承担着互保的功能，在古代缺乏社会保障的农业社会尤其如此。漠视他人利益的自私会导致自己在遇到问题时无法得到别人的帮助，甚至丧失生存的能力。因此，家庭（家族）内部形成不着眼于个别事件的利弊得失的利他主义本身就是基于自利，它保证了家庭（家族）成员能够抵御天灾人祸。我们可以根据南方人和北方人对家族重视程度的差异证实这一点。在中国南方和北方都生活过的人就会知道，与南方农村居民相比，北方农村居民家族观念比较弱。如何解释这个现象？这一点可能与南方农民和北方农民需要的互保程度不同有关。北方发生天灾的概率要小于南方，而且，北方人均耕地面积要大于南方。北方人能在对亲戚依靠比较少的情况下生活下去，南方人则不行。因此，家族制在南方盛行，而在北方较弱。温州人在做生意的过程中有老乡帮老乡、亲戚帮亲戚的现象，有学者研究发现，这种温州人内部形成的"温州帮"现象，和温州人在下海捕鱼过程中形成的互助和风险共担的传统有关。

因此，尽管家庭是利他主义存在的重要根据地，但利他背后的利己是利他主义形成的基础。

血亲融资的作用

在中国传统社会，家庭是一个互助和互保的机构。运作良好的家庭能有效提供现代社会由国家和社会所提供的不少功能。尽管随着社会的发展，出现了国家功能和社会功能对家庭功能的一些替代，扩大型家庭衰落，家庭的核心化成为现代社会的重要特征。但在市场和社会的竞争中，家庭在信息和利他主义等方面具有优势，仍可以提供社会能提供的许多服务。血亲融资就是其中一例。

资金对于企业，相当于血液对于人体。一个企业要不断地发展壮大，离不开源源不断的资金支持。对于广大的民营中小企业而言，依靠资本市场直接融资在中国仍然比较困难。由于政策因素和银行规避风险的需要，民营中小企业能利用的以银行为媒介的间接融资渠道也十分有限——即使能通过这种渠道筹集到资金，成本也非常高。为解决资金缺乏问题，不少企业不得不选择了私人借贷、集资乃至非法的高利贷。其中，建立在血缘关系基础上的血亲融资在解决小额资金缺口中起了很大的作用，成为一种重要的融资手段。

血亲融资是包括项目可行性评估、借款、事后信用评估及奖罚等在内的一个完整过程，具备了其他融资方式所不具备的特点和效率。

1. 创业或扩张现有项目的可行性能够得到评估。对于项目设想，一个人往往会有考虑不全面的地方，对事情难度等方面的估计也会出现偏差。而血亲之间的讨论，尤其是经历过类似事情的血亲的意见，能够使计划得以完善。因此，血亲融资能减少不确定性，血亲的作用提高了投资项目成功的概率。

另外，企业家才能是识别市场上其他人认识不到的机会的能力。一个人的企业家才能不可能在创业初期就表现出来，他基本上不可能通过市场融资。血亲对投资机会的认识往往存在差异，但与通过市场融资相比，血亲间的沟通相对容易，成本相对较低。而且，基于亲情等原因，血亲即使对投资项目有不同的意见，也会给予一定力度的支持。这就和银行等金融机构形成了鲜明的对比。

2. 因为大家都是血亲，所以彼此对信用、能力等情况比较了解。有信用和能力的人，能筹集到的资金会比较多；而信用和能力不足的人，能筹集到的资金会比较少（因为亲情和面子，这些人一般也能筹集到一些资金）。这将迫使借款者提高自己的"信用等级"，以便在未来需要时能得到血亲最大限度的支持。

血亲之间的借款好多是没有书面凭证的，但还款的承诺是非常可信的。失信于一个血亲就是失信于所有的人。一个人一次失信表面上似乎会得到很大的收益，但与其高成本相比，其收益实际上是非常小的。一个人失信也就意味着其在相关血亲中信用等级下降。这会增加其未来血亲融资的成本，导致其未来的血亲融资成为不可能，甚至这个血亲群体中其他成员所拥有的社会资本（关系网络）也有可能向其乃至其后代关闭。而且，由于信息的传播，一个人在一个群体中的失信也往往导致其在其他群体中信用等级下降。这将对一个人、一个家庭在社会上的生存和发展造成极大的困难，从而进一步增加了失信的成本。

基于此，个人与血亲群体其他成员之间的关系可以被看成无限次重复博弈的过程，因而理性的个人出于追求长期利益的动机，不会为了短期的利益而损害自己的信用。而以聚会的形式完成血亲融资，更因为加入了第三者惩罚，进一步增加了失信的成本，使守信成为筹资者的理性选择。

3. 血亲融资是一种低成本和有效的融资方式。如上所述，个人以往的信用信息在血亲中近乎透明，而且信用保障机制非常完备（无限次重复博弈和第三者惩罚），失信的成本非常高。因此，在一般的直接和间接融资中常见的信用评估等在血亲融资中就不必进行，这就有效地降低了融资的交易成本。而且，因为借款是以出借人将来需要支持时融资人同样予以支持为条件，在一般情况下，融资人不需要支付利息——即使需要支付利息，也会很低。因此，血亲融资是一种低成本的融资方式。

血亲融资同样也是一种有效的融资方式。与个人信用在血亲群体中近乎完全透明相类似，血亲群体成员的经济状况对于群体内部人员来讲也近乎透明。血亲融资不但对融资者的失信有约束机制，而且对资金提供者也有相似的约束机制来保证融资的实现。大家都会按照设想的可行性、融资者的信用和能力、自己的能力、与融资者关系的远近、其他人的出资情况等因素决定出借给融资者的资金数额。同时，每一个人也会对其他人可能提供的资金数额有一个预期。而当一个人打算提供的资金额与大家预期其应该提供的资金额差距较大时，对其造成的影响也和融资者失信相类似：大家会降低其在群体中的地位，从而也降低其在需要支持时大家给予支持的力度。因此，血亲融资不仅对融资方的失信有相应的制约机制，而且对出借人也有相似的约束机制。这促使出借人按实际能力等情况提供相应的资金。血亲融资具有双向信用约束的特点，从而也能更有效地促进融资的实现。而一般的直接融资和间接融资就没有对出资方必须出资的制约机制，其融资的难度也就大于血亲融资。从这个意义上讲，血亲融资是一种有效的融资方式。

4. 融资也意味着投资。从总体上看，这种制度设计是血亲群体内相对富有的家庭支持相对不富有的家庭，"不用办事情的家庭支持需要办事情的家庭"。但考虑到群体其他成员变富后当自己需要支持时能增加支持的力度，群体的社会资本的增加能使自己将来处理事情时更加方便等因素，相对富有和"不用办事"的家庭也愿意支持那些需要融资的家庭。因此，从这个视角看，对需要融资或帮助的家庭的支持就是对血亲群体公共利益的投资，就是对自己未来的投资。

血亲融资的资金来源于血亲群体，高度分散，即使融资的数额较大，单个人或一个小家庭需要支持的也不会很多，不需要"将鸡蛋放在同一个篮子里"。这就将风险控制在个人所能承受的范围之内。因此，血亲融资是利益共享、风险共担的一种融资方式。

5. 血亲融资对参与融资的各方来说不仅是资金的交流，而且也是大家在孩子的教育、老人的赡养、社会关系的梳理等方面联系的纽带。这些事情虽然看起来和血亲融资没有关系，但却是将血亲群体打造成利益共同体的社会基础。血亲融资不仅有利己主义的基础，而且贝克尔所谓家庭内部的利他主义在血亲融资中也起到一定的作用。

当然，血亲融资也存在融资规模过小等问题。但作为一种重要的融资方式，它在中国的中小企业发展中起着重要的作用。尤其在创业阶段，由于信号难以显示等问题，创业者很难通过金融市场筹集到创业所需要的资金。血亲融资因群体内部的利他倾向和双向信用约束机制而成为创业者得到其所需资金的重要渠道。

第四篇

生　育

> 愿意生养小孩的数量取决于父母对成本收益的理性权衡。现代社会父母愿意生养小孩数量的减少与生养小孩的成本收益变化密切相关。

生养小孩的意愿

婚姻的一个重要目的是"继后世",即繁衍后代,绵延种族。西谚云:"无后之家非家也。"子孙满堂、天伦之乐是东西方各个国家的人所乐道与向往的家庭生活。因此,家庭的一个重要的生产功能是人本身的生产或人种的繁衍。

自19世纪以来,西方社会的出生率不断下降。随着经济和社会的发展,日本和中国的出生率也在不断下降。为什么随着经济和社会的发展,现代人越来越不愿意生孩子?

婚姻的重要目的是自身基因的延续,即生养小孩。现代经济学对于人类的生育行为进行了广泛的研究,而对生育的经济分析也是贝克尔获得诺贝尔经济学奖的重要原因。

经济学认为,生育行为等同于商品的购买。父母生育孩子的决定,取决于对生育孩子的成本收益的权衡。只有当收益大于成本,即生养小孩的净收益为正时,父母才会决定生养小孩。具体而言,生养小孩至少有以下三种收益。

1. 子女是一种心理收入或心理满足的来源。

按照经济学专业术语，我们可以将子女看作一种带来效用的"耐用消费品"。基于此，经济学常将孩子比喻成玩具。在贝克尔提出这一理论之后，这个比喻饱受其他学科攻击。但仔细考虑一下，从出生没有多久的小孩冲着你笑到叫第一声"爸爸妈妈"，从咿呀学语到小大人，孩子的确是父母快乐的重要源泉。因此，将小孩视为玩具自有其合理之处。

从生物社会学的角度看，生养小孩意味着自己的基因可以在世界上延续下去。这就像自己的生命得到延长一样。儒学是所有古代思想中比较接近生物社会学观点的学说。它认为人如能在死前留下自己亲生的子女，就是自己生命及祖先生命的延续。生养在中国传统文化中也就成为一种责任，具有道德上的满足感。

2. 抚养小孩可以给人们带来货币收益。

当小孩到一定年龄的时候，他（她）就能通过劳动给家庭带来收入。在农业社会，一个很小的孩子就能帮家里拔兔草、放羊，在六七岁时就能帮父母做饭。在算工分的计划经济年代，一定年龄的孩子参加集体劳动就能得到按一定比例折算的工分。这说明，一个十余岁的孩子在农业生产上可以抵半个甚至半个以上的大人。这就是生养孩子的货币收益。张五常就认为："在早期的中国，孩子被当作收入的来源和财富的储备。只要孩子顺从父母，孩子就是一种相对安全的资产。"（张五常：《经济解释》）

3. 跨期保险。

当一个人处于老年时，其生存能力会下降。为此，当父母从壮年走向老年的时候，子女也从幼年成长为壮年，子女反哺成为保障老年人生存的基础。因此，子女可以被视为能在未来为父母提供收入的一种资本品。基于此，中国儒家文化强调孝，年轻一代不管是在道德上还是在法律上都被要求赡养老人。根据经济学家齐默的研究，20 世纪 90 年代，在中国老年人日常的支出中，来自子女的占很大一部分，在农村占到了 60.8%，在城镇占到了 53.3%。

但天下没有免费的午餐。在享受小孩带来的快乐和未来对自己的赡养的同时，人们生养孩子也要付出很多的成本。经济学认为生养孩子的成本是指父母生养孩子的全部花费，外加父母投入时间的影子价格。换言之，生养孩子的成本既包括直接成本，如一个孩子衣食住行的费用、受教育的费用、文化娱乐的费用、由父母正式支付或补贴给子女的婚姻支出等，也包括间接成本，如父母生养孩子所损失的受教育和获得收入的机会。（贝克尔：《家庭论》）

在上述成本和收益的框架下，现代经济学认为，随着生育小孩数量的增加，小孩边际生育量的增加给父母带来的边际收益下降，边际成本增加。生育数量的均衡点就是边际收益和边际成本相等的点。因此，生育小孩的数量是父母理性选择的结果。

运用边际分析法，现代经济学成功地解释了与人口有关的许多经济和社会现象。而随着社会的发展，现代人对小孩数量的需求越来越少的原因也在于成本收益的变化。

在古代农业社会,由于男性生产率较高,女性生产率较低,分工的自然结果就是时间价值较低的女性承担起抚养孩子的重任。因为女性为抚养孩子所放弃的工作所带来的收益有限,以及抚养和教育孩子的直接成本较低,所以生养孩子的成本很低。

与此同时,孩子从很小开始就能从事家务劳动和简单的农业生产,为家庭获得一些收入,十岁左右的男孩一般也能抵上半个成年劳动力。"玩具功能"加上通过孩子劳动获得的收益很大,多生小孩也就成为当时人们的理性选择。

而在现代社会,生养孩子的成本和收益发生的变化使父母愿意生养孩子的数量减少。

1. "在19世纪之前,即使在先进国家里,活到10岁的活产婴儿也不足一半。"(贝克尔:《家庭论》)而随着医学的进步,小孩的夭折率明显降低,父母不需要通过多生小孩的方式来保证一定数量的小孩能够成年。

2. 随着社会的发展,复杂劳动代替了过去的简单劳动,人们需要接受许多的学校教育和培训才能获得足够的赚钱能力。这就造成生养孩子需要付出更高的教育成本,使得"孩子从谋生工具变为经济负担"。(罗素:《婚姻革命》)

3. 随着社会保障机制的日益完善,现代父母对养儿防老的需求下降。

4. 离婚率对生育数量也有影响。现代社会的一个重要特征是离婚率急剧上升。离婚率上升一方面会直接对生育小孩的数量产生影响，另一方面，也使父母的生育意愿降低，因为在婚姻容易解体的情况下，夫妻尤其是妻子，会减少对家庭专用性资产（包括小孩）的投资。

5. 经济学家认为，现代父母愿意生养小孩的数量减少的最重要的原因是随着女性大规模参与市场活动，生养小孩的间接成本大幅度上升。

在传统社会，女性主要从事家庭内的劳动，生养孩子并不会对女性的生产力造成太大的影响。但在现代社会，生养孩子将使女性在比较长的一段时间内无法从事生产活动，使女性丧失这段时间的货币收入。而长时间脱离生产活动，也对女性的生产力造成比较大的伤害，从而影响其再就业时的收入和提升机会。这一点已经被经济学的实证研究所证实。生养孩子数量越多，对女性生产力的伤害就越大，生养成本就越高。因此，同传统社会相比，现代社会人们不愿意生养小孩的原因在于生养小孩的成本，尤其是母亲的时间成本大幅度增加。"在过去一个多世纪里，发达国家妇女赚钱能力的提高是已婚妇女劳动参与率大大提高和生育率大幅度下降的一个主要原因。"（贝克尔：《家庭论》）有实证研究发现，在影响生育率的其他因素不变时，妇女工资增长率与生育数量负相关。

因此，贝克尔在领诺贝尔经济学奖时的发言稿中这样写道："时间价值的日益提升以及学校教育和人力资本的日益重要,解释了生育率随着国家的发展而下降的现象。"这实际上就是需求定理,即在其他条件不变的情况下,价格(代价)越高,需求越小。

6.城市化对生育数量的影响。从现实看,生养小孩还有一个重要的成本——"空间成本"。

生养小孩需要一定的空间。住房面积越大,生养小孩的"空间成本"就越低。与现代化相伴而来的是城市化,即人口大规模从农村转移到城市。在农村,因土地便宜,建造住房的成本较低,一般而言住房面积较大。但在城市,土地因人口聚集而变贵,人均住房面积也相对较小。这就意味着在农村生养小孩的"空间成本"较低,而在城市生养小孩的"空间成本"较高。因此,伴随着城市化的进程,由农村转移到城市的年轻父母对小孩的需求下降,整个社会的意愿生育数量也会随之减少。

总之,愿意生养小孩的数量取决于父母对成本收益的理性权衡。现代社会父母愿意生养小孩数量的减少与生养小孩的成本收益变化密切相关。

收入影响生养孩子的数量

"亲爱的,我涨工资了,我们再要一个小孩吧?""亲爱的,我涨工资了,我们能不能不要计划中的第二个孩子?"

在本书《生养小孩的意愿》一文中,我对父母生育数量做了经济学分析。下面我们分析外生变量,即家庭收入的变化对生育数量的影响。因生育管制会影响人们能够生养的小孩数量,故该分析不考虑计划生育因素。

收入效应和替代效应

在考虑父母收入增加对生育孩子数量的影响时,我们需要综合考虑收入效应和替代效应。

收入效应是指家庭收入增加后,家庭对作为正常"商品"的孩子和"耐用消费品"的消费需求都会增加。

替代效应是指当家庭收入增加后,孩子相对其他耐用消费品的

"价格"上升,家庭会选择消费更多的其他耐用消费品,"消费"更少的孩子。

下面我们分析家庭收入增长的常态,即工资性收入的增加对生育孩子数量的影响。

随着家庭工资收入的增长,收入效应作用的结果是对孩子的需求增加。同时,工资收入的上升意味着生养小孩需要放弃的收入,即时间成本增加。这就意味着生养小孩相对其他商品变贵,导致对孩子的需求减少。替代效应与收入效应作用相反。家庭最终对小孩的需求变化取决于两者力量的大小。

从现实来看,工资收入增加所产生的其他耐用消费品对孩子的替代效应大于收入效应。这一点可以从以下现象得到证明。

1. 无论在欧美还是日本和中国,随着经济发展,家庭选择生育更少的孩子,家庭规模比收入增加前缩小。

2. 富裕家庭生养的小孩数量少于贫穷家庭。与贫穷家庭相比,富裕家庭的父母一般有较好的职业和较高的收入,以及舒适的生活和事业环境,想多养孩子就需要支付巨大的机会成本。虽然富人的收入高过穷人,但同时养育子女的相对"价格"也高过穷人,而且替代效应大于收入效应,所以同贫穷家庭比,富裕家庭就会生更少的孩子。

是父亲还是母亲提高了工资

从社会的角度看,家庭收入的上升多靠工资性收入的增加。在收入效应小于替代效应的情况下,随着家庭收入的增加,生养小孩的数量会随之减少。但具体到家庭来说,工资收入的增加对生养小孩数量的影响,我们还需要区分是父亲还是母亲的收入增加了。

母亲的时间价值是生儿育女总成本中的主要部分,如在20世纪70年代的美国,母亲的时间成本占总成本的三分之二左右。因此,是父亲还是母亲的时间成本上升,对生育率的影响是不同的。贝克尔在《家庭论》中就这样写道:"在过去一个多世纪里,发达国家妇女赚钱能力的提高是已婚妇女劳动参与率大大提高和生育率大幅度下降的一个主要原因。相对而言,父亲花在孩子身上的时间微不足道,其赚钱能力的提高对生养孩子的成本并没有明显的影响作用。事实上,与生养孩子使用的其他商品相比,如果他们占用父亲的时间相对较少,那么,父亲赚钱能力的提高会减少养孩子的相对成本。"

家计调查(即居民家庭收支调查)提供了对孩子的需求和夫妻时间价值之间关系的直接证据。孩子的数量与妻子的工资或妻子的时间价值之间有强负相关关系,而与丈夫的工资或收入往往有强正相关关系。

值得注意的是,贝克尔只是用"相关性"而不是用"因果关系"来描述收入与孩子数量之间的关系。这是因为母亲"时间价值高"与"少生"之间仅仅是一种可能的因果关系。当家庭中子女的数量较多时,妇女在市场技术方面投资减少,在家庭技术方面投资增加。这反映在工资上就是妇女的市场工作报酬减少,男性则刚好相反。

由此可见，同样是工资增加，因父亲照顾小孩的时间较少，其收入效应大于替代效应；因母亲照顾小孩的时间较多，其替代效应大于收入效应。因此，父亲收入增加会增加家庭愿意生养小孩的数量，母亲收入增加会减少家庭愿意生养小孩的数量。随着社会的发展，适合女性的职业增加，女性劳动参与率上升，其对家庭收入增加的贡献率大大提高。这就造成上述的意愿生育数量随家庭收入增加而下降的现象。

本文开头的两句看上去相互矛盾的话其实反映的是夫妻双方收入变化对意愿生育率的不同影响。第一句话应该是丈夫对妻子说的，而第二句话应该是妻子对丈夫说的。

生男还是生女

——性别选择和性别比失衡的经济学因素

生男生女问题,一直是困扰国人的一大心病。重男轻女现象至今难有改变,尤其是在广大的农村地区。

经济学认为,生男生女同样面临着成本和收益的权衡。在无法人为选择生男生女的情况下,溺女婴、重男轻女等现象就会出现,而当人们可以通过技术手段选择婴儿性别时,男女的出生性别比就会失衡。

为什么在中国传统农业社会人们会比较喜欢儿子而不是女儿呢?我们需要为中国高得惊人的男女性别比做点什么吗?本文将从生养后代的成本和收益等角度,分析父母生男还是生女的选择。

生男生女的成本收益分析

从经济学角度看,生男还是生女的选择应该是取决于父母对成本收益的权衡。

1. 子女是一种心理收入或满足的来源。从这个视角看，生男生女各有优势。一般说来，女孩的乖巧带来的便利和愉悦会超过男孩。但在古代社会，女性无法在社会上建功立业，而且社会上重男轻女的舆论和风气会降低女孩给家庭带来的喜悦。从这个视角看，男孩给父母带来的心理收入和满足一般会强于女孩。

2. 在古代农业社会，女性缺乏谋生手段，很难在社会上单独生存下去。因此，女性对男性存在着很深的依赖性。从养儿防老的视角看，生男意味着有可能得到儿子和媳妇对自己晚年的照顾。但由于女儿本身就依赖丈夫，所以，女儿主要是为父母提供情感沟通和日常生活照料等辅助性帮助，父母得到女儿的跨期回报相对较少。中国有句古话："嫁出去的女儿，泼出去的水。"它讲的就是女儿跨期保险功能不如儿子。

《孟子·离娄上》说："不孝有三，无后为大。"在这里，"无后"并不意味着没有后代，而是指没有儿子。中国传统文化认为祖宗没有人祭祀是"无后"的最大灾难。其实，从经济学的视角看，传统社会的父母没有儿子首先意味着跨期保险的失败，其后果就是无法在生命的第三期——老年期获得足够资源保证自己的生存。以敬祖的名义促使年轻夫妻注重未来的养老问题，可能就是敬祖文化背后的经济理性。

3. 生养孩子的第三个功能是孩子到一定年龄之后，可以参加劳动，给家庭带来收入。男性在体力上具有优势。在传统社会，生养女儿的收益不如儿子。"时至今日,对劳动力尤其是男劳动力的需求,仍然是农民要生孩子(特别是男孩)的一个强烈动机。"(李银河:《生育与村落文化》)

王文卿和潘绥铭在《男孩偏好的再考察》一文中将上述生育动机归纳为以下几种:(1)传宗接代;(2)养老保障;(3)壮大家族实力;(4)提供劳动力;(5)情感需要;(6)人生的终极目的;(7)面子;(8)期望孩子实现自己未竟的理想。很明显,从生育动机而言,生育男孩的收益要高于生育女孩。

即使生养儿子要较生养女儿成本高,但差距不大。因此,基于成本和收益的考虑,在传统社会,人们喜欢生养男孩也就成为一种理性的选择。波斯纳就这样总结道:"对男孩的偏好往往出现在一些以农业为主导、社会保障体系落后、依靠个人力量保护人身和财产权利的社会。"(贝克尔和波斯纳:《反常识经济学》)

父母对儿子的偏好甚至会影响婚姻的稳定。经济学家的实证研究结果表明,在美国,生养一个女儿的家庭,离婚率会比生养一个儿子的家庭高出5%,在越南甚至会高出25%。(史蒂文·兰兹伯格:《性越多越安全——颠覆传统的反常经济学》)因此,重男轻女并不是中国古代传统社会的特有现象,即使在现代社会仍普遍存在。美国民调公司盖洛普最新发布的一项民调显示,1020名美国成年人在被问及如果只能要一个孩子,他们更想要男孩还是女孩时,40%的人选择男孩,28%的人选择女孩,剩下的人表示无所谓或者不表态。自 1941 年以来，盖洛普做过 7 次类似的民调，每次都是想要男孩的人更多。(《南方人物周刊》，2011 年 7 月 4 日)

"关于性别偏好的所有证据表明，绝大多数人更喜欢性别的多样性——既有男孩也有女孩，而不是强烈地偏好于某种性别。"(贝克尔和波斯纳：《反常识经济学》)真佩服中国古人的智慧，"好"字由"女"和"子"两字构成，意思是儿女双全为好。尽管如果只生养一个孩子，选择生养男孩成为不少家庭的理性选择；但在已经有男孩的情况下，男孩的边际效用快速下降，要一个女儿、实现儿女双全成为不少家庭的理性选择。因此，在没有生育管制的情况下，父母会基于自己的偏好，选择一定数量的男孩和女孩，而两者之间的比例也会保持比较好的状态。

但当国家采取政策控制生育数量，尤其是实行严格的独生子女政策时，对男孩的偏好会导致父母采取各种手段，如选择性流产，以保证生育的为男孩；父母对于年幼的男孩和女孩的照顾程度也存在差异，使年幼的女孩的死亡率远高于男孩。人口学上将这些未出生的或早夭的女孩定义为"失踪女性"。这就造成男女性别失衡。这种现象在严格实行计划生育政策时期的中国和生育管制时期的韩国均可以发现。即使国家实施"关爱女孩"等活动干预男女性别比，也无法实现恢复正常性别比的目标，因为这些政策的力度不足以改变父母生男生女的成本和收益。即使国家规定医生在做 B 超检查时不能把婴儿的性别告诉父母，医生也可以通过面部表情等手段向父母传递相关信息。

尽管如此,随着社会保险制度的完善、孩子受教育年限的增加及女性赚钱能力的提高,不少人,尤其是一些城市人,开始颠覆我国传统的重男轻女思想。在养老不存在问题的情况下,有些人更加重视养老的质量,认为女儿比儿子贴心,也就产生了对女儿的偏好。更何况一些研究还表明,在中国城市,已婚女性不但不比已婚男性给父母的支持水平低,反而相同甚至更多。养儿防老变成了养女防老。

市场机制与中国男女性别失衡

现在中国的男女性别比已经达到了 123 : 100,远远高于正常的生物学比例——106 : 100。这就意味着有一批单身男性将无法组建家庭,给社会的稳定造成了一定程度的消极影响。中国男女性别失衡及其干预机制是近期社会科学界关注的重要问题之一。对此,经济学怎么看待这个问题呢?

从经济学的视角看,以看不见的手为特征的市场机制能自发地改变中国的男女性别失衡问题,而这种机制现在已经开始发挥作用。

在一夫一妻制和男女性别比正常的情况下,"一个萝卜一个坑",基本上每一个适婚的男性和女性都能找到适合自己的异性进行婚配,"婚恋市场"近乎完全竞争市场,无论是男性还是女性,都无法取得垄断利润。但当由性别偏好选择出来的男性到了娶妻之时，将会遇到新娘短缺问题。这就加剧了"婚恋市场"上男性对女性的竞争，也使女性在该市场取得一定的垄断地位。男性之间的竞争抬高了女性的"价格"。竞争性储蓄论和未来的丈母娘抬高房价论就说明了这一点。正是性别失衡在"婚恋市场"上导致了女性"价格"上升，减少了生儿子的相对收益，增加了生女儿的相对收益。而相对收益的变化也会对父母生儿还是生女的意愿产生积极的影响：减少了父母对男性的偏好，促使中国性别失衡问题得到缓解。英国的《金融时报》就报道，城市化和高房价改变了中国家庭传统的"重男轻女"偏好，越来越多的父母表示他们更愿意选择生女儿。

由此可见，在人为性别选择和性别失衡的情况下，出生的女孩数量会更少。在市场竞争的作用下，女孩的境况会更好。而想生女儿的父母也会因为生女儿的回报率更高而对其女儿更好。因此，男女性别失衡将提升存活下来的女孩的福利水平。

"由于女孩数相对下降，女性地位也随之提高。从长远来看，父母将越来越喜欢女孩，这就从某种程度上调整了性别比例。"（贝克尔和波斯纳：《反常识经济学》）因此，我们可以认为，性别比失衡问题是一个短期问题，不会对中国社会造成长久的影响。但我们也不能忽视性别失衡对现阶段"婚恋市场"的影响，因为通过市场机制扭转性别失衡问题至少需要一代人的时间。而在扭转性别比失衡的过程中，男性的平均结婚年龄会提高，女性的平均结婚年龄会降低，已婚男性的比例减少，已婚女性的比例增加。

　　因此，男孩偏好是父母权衡生养成本收益后的结果。男女性别比的失衡在短期内会冲击"婚恋市场"，提高女性的"价格"。但从长期看，在市场机制作用下，父母会改变男孩偏好，促使性别比向正常水平回归。

"边际人口"与溺婴

（一）

作为爱书者，我曾经购买一些自以为好的书送同好。其中送出去最多的书为2009年出版的《西洋经济史的趣味》。它是由台湾清华大学经济系教授赖建诚撰写的西方经济史教科书，并不是我们常见的西方经济史的简单介绍，而是对用经济学分析方法研究历史的一些经典学术论文做的细致梳理。从与文章相关的背景知识到论文的分析逻辑，从对论文优缺点的评述到相关文献的详细来源，其内容均现作者的独具匠心。尽管不少文章我曾接触过，但将这些文章放在一起，还是给我带来了强烈的震撼。通过简单的经济推理，这本书将我们习以为常的一些历史现象给予新的解释，手起刀落，干净痛快。

在《为什么欧洲要杀害巫者？》一文中，赖教授介绍了艾米莉·奥斯特撰写的一篇论文。该论文通过历史上气候的变化与被杀的巫者数量之间的相关性分析,得出欧洲以宗教名义大规模杀巫者的经济原因在于:"气候转入小冰期,农获减少,在粮食短缺的压力下,必须去除生产力最低的穷人、老人、寡妇,社会给这些边际人口的罪名,就是宣称这些代罪羔羊为巫者。"

对于"边际人口"这个概念,无论是否是经济学学者,都比较难以接受。人生而平等,谁也没有权利将某类人定义为"边际人口",并以某种名义剥夺其生命。但从社会的角度看,每一个人的价值是不一样的。当社会无法保证所有人生存下去时,以某种名义规定价值不同的人的死亡顺序乃不得已而为之的选择。

(二)

那么,在中国历史上是否也有人为规定"边际人口"的制度呢?研究历史难就难在"说有容易说无难"。从作者有限的历史知识看,中国传统社会从总体上看是一个流动性较强的社会。通过科举等形式,基层民众可以实现"朝为田舍郎,暮登天子堂"的目标。而一个流动性较强的社会,不可能和僵硬的等级制度相兼容。儒家老有所养和敬老的主张,也使得在其他不少地区经常被视作"边际人口"的老年人口在中国得到国家政权和社会的保护。因此,在中国古代,很少有长时间、大规模的以国家、社会或宗教名义处理"边际人口"

的现象发生。

但在历史上,中国也是一个多灾多难的国家。当一个社会出现粮食不足的问题时,"边际人口"得不到安置,对整个社会的生存会有不利的影响。那么,历史上中国的"边际人口"在哪里?他们是如何被处理的?其实,中国的"边际人口"是家庭内部自发选择的结果。当出现粮食不足的问题时,社会上总有一些家庭会出现无法养活全部人口的情况。中国敬老的孝道传统使老人很少成为家庭内部选择出的"边际人口"。青壮年当然不可能是家庭内部选择出的"边际人口"——如果他们成为"边际人口",老年人和婴幼儿即使能躲过灾难,也同样无法生存下去。因此,婴幼儿成为家庭内部比较可行的"边际人口"。又因在传统的农耕社会,男性的价值高于女性,女童和女婴就成为粮食不足时家庭自发选择出的"边际人口","遇到灾难把孩子送人或卖掉的,首先也是女孩子"。(邢铁:《中国家庭史·第三卷:宋辽金元时期》)

安置作为家庭"边际人口"的女童和女婴的方式有多种,如弃养、送别人做童养媳、溺婴等。但对社会而言,通过童养媳等形式生存下来的女童和女婴并不是"边际人口",被溺死的女婴、因弃养而死亡的女童才是社会的"边际人口"。从费孝通的《江村经济》我们可以知道,童养媳和农村经济萧条有关。李中清和王丰的《人类的四分之一:马尔萨斯的神话与中国的现实(1700—2000)》也表明,经济周期与溺婴尤其是溺女婴现象之间存在很强的关联性。

这均在某种程度上说明婴幼儿,尤其是女婴和女童,是家庭"边际人口"的事实。

(三)

溺婴在绝大多数人看来是非常不人道的做法,因为它剥夺了婴儿的生命。但从生物社会学等学科的视角看,溺婴的存在有其合理性。在古代社会,人们并无法通过避孕或流产等手段自由地控制生育。这容易使生育小孩的数量超过家庭最优的小孩数量,对家庭收入甚至其他成员的生存造成负面影响。溺婴等手段节省了婴儿可能消耗的资源,以便供其兄弟姐妹使用,有助于其兄弟姐妹的成长并提升他们的质量。"因为在一个贫穷家庭中,一个妇女的孩子越少,这些孩子就越有可能活下来,长大成人。"(波斯纳:《性与理性》)李中清和王丰就发现:"这些为了限制孩子数量而决定溺婴特别是溺女婴的中国家庭,还采用新的能够获取的小儿照料方法来使幸存的孩子,特别是女儿,得以存活。"(李中清等:《马尔萨斯模式和中国的现实:中国1700—2000年的人口体系》)

那么,为什么被溺杀的往往是女婴呢?其实,女婴不仅容易被溺杀,在父母提供的资源配置方面,与男婴也有着不同的待遇。例如,在中国农村,即使到了当今社会,当男孩生重病时,父母会倾家荡产给予医治,而对于生重病的女孩很多会选择听天由命。在其他方面，如教育投入、食品配给等，也存在两性间的不同待遇，父母在资源的配置上会向男孩倾斜。有实证研究表明生养儿子的婚姻稳定性要比生养女儿的婚姻稳定性更强。溺女婴只是在极端条件下父母对子女不同评价的集中体现。

其实，父母在两性后代间资源配置的不均衡不是人类独有的现象，在动物世界同样存在。因此，我们在分析此类现象时，离不开生物经济学的视角。生物经济学认为，基因的繁衍是生物的最终目的。相较于雌性，雄性生殖能力更强——一个雄性可以让很多雌性怀孕，而雌性的生育潜能则受到限制。同样是生养一个后代，生养雄性更有可能保存和延续父母的基因。因此，一个能够获得更多母乳的雄性后代可能比雌性后代长得更强壮，变得更有竞争力，有可能繁衍更多的后代，从而更有效地复制父母的基因。

在传统社会中，抚养男孩和女孩的成本差异不大，但长大成人的男性能独立在社会上生存，而女性则依赖男性才能生存。从养老保障的角度看，将资源配置给男孩也是一种理性的选择。

溺女婴尽管是家庭的自发行为，但该行为有着广泛的社会影响。如在前现代社会，技术进步缓慢，过多的人口构成社会的沉重负担。溺婴减少了社会总人口，提高了其余人口的福利。溺女婴造成的男女性别比失衡，还增加了存活下来的女性的福利。又因人口增长率取决于女性而不是男性的数量，溺女婴不仅减少了现存的人口数量，也降低了将来可能的人口增长率。这对于维持人口平衡具有重要意义。

生育管制对生养行为的影响

作为关注和推广经济解释的一名青年教师，与计划生育政策此项管制相关的经济社会现象是本人关注的重要问题之一。本文以生育管制及其突破为分析出发点，分析中国现阶段一系列经济社会现象与计划生育政策之间的关系，以供各位品鉴。

无管制下的生养行为

从本书《生养小孩的意愿》一文我们可以知道，作为人类行为之一的生养行为，也受经济法则的支配，即生育几个小孩取决于父母对生养小孩的边际成本和边际收益的权衡。其中生养小孩的收益主要为心理收益、货币收益和养老收益，成本则由直接成本和间接成本构成。

值得注意的是，父母对小孩的投资既包括数量投资，也包括质量投资，而且以教育为代表的质量投资影响着小孩的未来收入，进而对父母的养老有着重要影响。综合考虑对小孩的数量投资和质量投资，通过边际分析，我们可知，当父母在思考生养多少个小孩和给每个孩子多少教育投资时，如果将最后一单位的货币用于增加小孩数量带来的收益等于将其用于提升现有小孩质量带来的收益，那么投资小孩的数量和质量的均衡解就出现了。由此可以推论，自19世纪以来，西方人口出生率不断下降，而父母对小孩的教育投资不断增加的原因在于，随着生养小孩成本的上升，投资小孩数量的边际收益下降，投资小孩质量的边际收益上升，投资小孩质量的边际收益开始大于投资小孩数量的边际收益。理性的父母减少了对小孩数量的投资，增加了对小孩质量的投资，使父母对小孩的数量投资和质量投资重新恢复均衡。

进一步思考生养小孩的跨期保险功能，我们可以将其和生命周期理论结合起来分析。生命周期理论认为人是按照其一生的收入来安排消费的。在幼年和老年时期，人们的收入小于消费。人们在幼年时期靠父母的收入生活，在老年时期靠青壮年时期积累的财富生活。在青壮年时期，人们的收入大于消费。因此，一个理性的人会在青壮年时期将收入大于消费的那部分用于投资，积累一定的财富用于老年生活。而在个人的投资决策中，我们需将投资广义化：将收入大于消费部分用于储蓄、购买股票和房地产是投资，将收入大于消费部分用于生养小孩和对小孩进行人力资本投资同样也是一种投资。理性的个人会投资孩子到如此程度：将风险、玩具效应等因素都折算成货币，使投资小孩（包括投资小孩的数量和投资小孩的质量）的预期回报率等于投资股票等金融资产的预期回报率。

由此理论可以得出很多好玩的结论：孩子反哺报恩越多，则父母养育孩子的数量就会越多；只要一个人决定活到老年，孩子的夭折率越高，其生养孩子的数量就会越多；在医疗科技不发达的时代，父母可能因为预期自己活不到老年而减少抚养孩子的数量；社会保障体系愈完善，父母对孩子的需求就愈低；如果子女愿意将较大比例的收入用于反哺报恩，则父母愿意节衣缩食以供养孩子深造……

由此可知：在无生育管制的情况下，父母对生养小孩数量的选择取决于生养小孩边际成本和边际收益的权衡；生养小孩的数量和质量之间存在均衡解；如果从反哺的角度看父母对孩子的需求，孩子和储蓄、股票等金融工具一样，需求的数量和质量取决于预期投资回报率。

计划生育与人力资本过度投资

从上述分析可知，生养小孩的数量与对小孩进行质量投资的收益乃至金融资产的投资回报率紧密相关，即对小孩进行质量投资的收益和金融资产的投资回报率的变化影响着父母的生育意愿。计划生育政策作为对生养小孩数量的一种管制，会对家庭的教育投入、消费和投资行为等产生重要的影响，而这些影响的加总，就会影响一个国家的储蓄、进出口和外汇储备。

假设某代表性家庭在无生育管制下愿意生养两胎，但按当时的生育政策，其只能生养一胎。在此情况下，该代表性家庭的消费和投资行为会做怎样的调整呢？

因为不能生养第二胎，该家庭不得不将本来准备用于生养第二胎的钱用于第一胎的质量投资和金融资产投资。小孩的质量和金融资产均为正常品，所以，该代表性家庭对两者的投资均会增加。

先分析计划生育导致的质量对数量的替代。在现实生活中，这样的现象比比皆是。下面举两例说明。

（1）奥数、钢琴等课外班多到让小孩子无法承受的程度。如果该代表性家庭有两个小孩，那么该家庭会让有数学天赋的第一个小孩学奥数，而让第二个小孩学习陶冶情操的钢琴，以实现对小孩质量投资的最优回报。但因该家庭只能生一胎，为了让孩子"不输在起跑线上"，该家庭不得不让其小孩既学奥数又学钢琴，投资回报率也会随之下降。我们可以将这种现象称为对孩子人力资本的过度投入。

（2）就抚养小孩的成本而言，农村远较城市低。在没有生育管制的情况下，不少家长会理性地选择让小孩在抚养成本较低的农村长大。但计划生育政策导致了质量对数量的替代，不少父母不得不让孩子在抚养成本较高的城市长大。与此推论有关的经济现象是，和城市中小学入学难相对照的是农村的中小学在不停地撤、并、关。这种现象的产生当然与城市化有关，计划生育政策导致的质量对数量的替代也在其中起着重要的作用。

　　看到这里，也许不少朋友会问：既然对孩子进行人力资本投资和在教育相对发达的城市抚养孩子有利于提高孩子素质，那么政府对生育的管制是不是对的？对于这个问题，可以从以下两个方面进行解答。第一，在没有生育管制的情况下，该家庭也可以生养与生育管制下同样数量的小孩，在抚养成本较高的城市养大，并对此进行相似的人力资本投资，但在一胎政策下该家庭除了生一胎，无法做其他选择。第二，就像治理污染并不是让社会没有一点污染，而是找到治理污染的边际收益等于边际成本之点一样，对小孩子的人力资本投资同样存在着边际收益等于边际成本之点。而生育管制使得对人力资本投资的边际成本大于边际收益，出现对小孩人力资本的过度投资。

人口最优规模无法确定

自 2016 年 1 月 1 日起，中国实施二孩政策。这意味着中国长期实行的计划生育政策有了很大松动。中国为什么要实行计划生育政策？实行计划生育政策的理由在现阶段是否依然成立？对于计划生育政策的合理性及其走向的讨论离不开对上述两个问题的回答。本文将从中国是否存在最适人口这个角度对上述问题进行回答。

计划经济与计划生育

现有对计划生育政策是否合理的讨论几乎都集中于中国人均资源不足和人口对经济增长有负面影响的这点上，几乎没有人从计划经济本身去讨论实施计划生育政策的原因。郭誉森教授提醒我们，计划生育政策是计划经济的产物，其产生的原因应该从计划经济体制中去寻找。

在计划经济体制下，政府控制着几乎所有的资源，个人尤其是城市居民，受雇于国家控制的国有或集体企业，个人并无选择企业的自由，但企业要承担受雇人员的生、老、病、死等方面的社会保险和福利。此外，职工子女从幼儿园到中学的教育甚至工作，也由受雇单位负担。几乎每家规模达到一定程度的企业都有自己的医院、幼儿园、附属小学和中学，职工因退休或病故离开工作岗位后，可以有一个或几个子女顶替其在该企业上班。

在这种制度安排下，职工只需承担抚养小孩的部分成本，生养小孩的数量会超过全部由自己承担抚养费用情况下生养小孩的数量；国家（企业）存在最适的人口数量——该数量就是国家（企业）抚养职工小孩的边际收益等于边际成本时的数量。在计划经济时代，中国实行重工业优先发展的战略，能吸纳的新增二代职工数量有限。为吸纳新增二代职工，减少社会不稳定因素，国家（企业）不得不牺牲效率，通过一个人的活几个人干的形式解决新增二代职工就业问题。非常明显，这会影响企业的效率。因此，计划经济体制的内生逻辑决定了家庭最优生育数量和社会最优生育数量的背离，人口的实际增长率会高于社会最适人口增长率。

由此可见，在计划经济时代，人口对社会有负的外部性。这种负的外部性又因政府对生育的补贴而进一步加剧。减轻国家（企业）在职工子女抚养方面的社会负担，以实现社会福利的最优是政府决策者面临的重要问题。

为解决这个问题，中国政府曾经采取过"上山下乡"的措施，将大批城市青年推向农村,以减少政府对职工子女的社会福利支出,但这项措施因效率低而被迫放弃。实现人口在社会最优的路径下增长,是改革开放后中国政府迫切需要解决的重大问题。利用行政手段控制人口的数量和增长率成为政府不得已而为之的选择。

在计划经济体制下,超生的父母缴纳"社会抚养费"是合情合理的,因为国家(企业)替个人承担了抚养小孩的部分成本。既然小孩数量超过了社会最优小孩数量,超生者就应该归还国家(企业)替你抚养小孩的费用,并在此基础上缴纳一定的罚款(相当于庇古税)以抵消负外部性对社会福利造成的损害。

总之,在计划经济体制下,人口存在负外部性,控制人口能提升社会总体福利。这说明计划生育这一人为控制人口数量的政策是内生于计划经济体制的。

市场经济与计划生育

随着中国改革开放的逐步深入,中国经济体制也实现了从计划经济向市场经济的转变。那么,在计划经济条件下合理的计划生育政策在市场经济条件下是否还有必要实施呢?在市场经济条件下,中国是否同样存在最适即社会福利最大的人口规模呢?分析这些问题也需要从市场经济条件下人口的外部性谈起。

首先需要强调的是,在市场经济条件下,家庭承担抚养小孩的全部成本，不存在国家（企业）替雇员承担生养小孩部分成本的问题。即使一些单位有一点福利，如大学附设幼儿园和中小学解决职工子女上学问题，它也只是员工报酬的一部分。在竞争的条件下，工资一定等于其边际产出，子女上学的福利以收入待遇的同等下降为代价。

分析市场经济条件下最优人口问题，只需要考虑人口本身的外部性问题。那么在市场经济条件下，人口的外部性是什么呢？

对于这个问题，学术界包括一般民众，有许多关于人口负外部性的论述和观点，如人口多造成人均资源占有量少进而造成国家贫穷，人口多造成城市的交通拥堵，等等。这些观点似是而非，值得学术界仔细辨别。

人口多造成人均资源占有量少进而造成国家贫穷这种观点的错误之处，在于忽视人本身也是一种资源，即人力资源。人口多既有人均资源占有量少的一面，也有人力资源丰富因而市场规模大、分工细、技术进步快的一面。

对于中国城市交通拥堵是因为人口太多的说法，黄有光教授指出了它的荒谬之处。公共品的一个重要特点是分担公共品成本的人越多，公共品就越便宜。其实中国的城市交通拥堵与中国特殊的土地供给政策有关。

总之，在市场经济条件下，同样存在最优的人口数量，但最优或最适人口数量并不能简单地以人均资源占有量来确定，而是需要综合考虑人口的正的和负的外部性来确定。尽管学术界对于人口是具有正的还是负的外部性存在争论,但从总体上说,无论国内还是国外,学术界已经从主张人口主要有负的外部性转变为主张人口主要有正的外部性,发达国家的生育补贴政策就是明证。退一步说,即使学术界对于人口对社会福利的影响是正还是负存在争议,国家可以不补贴生育,但不能限制民众的自主生育。

在市场经济条件下,尽管在理论上人口存在最优规模,但实际上人口最优规模无法确定。那么,政府为什么还要干预人们的生育呢?为什么不把机会留给效率更高的市场呢?

先秦时期的养老制度

在传统社会,人在青壮年时期养育小孩并给父母养老,在老年时期,由已经长大成人的子女给自己养老。今天的社会养老保险,实现了所有的年轻人给所有的老年人养老,对依靠子女的养老依赖已经降低。那么在缺乏社会保障机制设计的传统社会,父母如何保证自己的子女给自己养老呢?

从博弈的角度讲,尽管在父母抚养子女的过程中,子女会不断向父母表示自己愿意给父母一个可靠的晚年,但该承诺是不可靠的。这是因为父母年老后无法对子女不执行承诺进行惩罚。这意味着该承诺的实施完全依靠子女的自觉。子女可能会因为爱而执行该承诺,但总有不少人到晚年后因子女不执行承诺而陷入生活困境。这是否意味着先人无法从制度层面解决传统社会的养老问题呢?答案是否定的。

在先秦时期,就存在一个非常有意思的制度安排——"立尸制度"。按照台湾学者干学平等人的研究,"立尸制度"是:祖父死后，孙子手捧祖父的神主牌，站在台前接受父亲在台下跪拜。

为什么要由孙子代替已经死去的祖父接受父亲的跪拜呢？一些历史学者从昭穆制度，进而上推到母系社会二辈制族外婚来解释该现象。该解释认为祖父和自己为同一族，而父亲为另一族。其实，从经济学的角度看，某种制度安排起源于什么并不重要，重要的是它背后的有经济理性。"立尸制度"的经济理性就在于老人让孙子代替自己成为子女不执行承诺的惩罚方，即隔代惩罚。如果子女不孝，没有承担起给自己养老的责任，那么尽管老人无法对子女的行为进行惩罚，但子女的不孝是可以被成长中的孙子看在眼中的。对孙子来说，父亲对自己的祖父孝，自己未来也会对父亲孝；父亲对祖父不孝，自己在未来也可以对父亲不孝。人们利用这种惩罚机制，促使子女遵守孝的承诺，给自己养老。

总之，"立尸制度"是在特定的场合，以神圣的仪式，已经过世的老人借助孙子对子女的孝道行为是否有愧进行最后的总结，以对子女的不孝行为进行惩罚。

尽管立尸制度在现代社会仍有遗存，如送葬时由长孙肃穆地手捧祖父或祖母的骨灰或肖像，但其基本仪式在汉代以后就已经消失。为什么该制度在汉代后会消失呢？从经济学的角度看，这是因为在汉代，尤其是汉武帝"罢黜百家，独尊儒术"后，不孝入刑，由政府代替老人对子女的不孝行为进行惩罚，已经不需要自我惩罚的隔代惩罚机制了，该制度的经济理性已经丧失。

附录 1

人类婚姻的前途
——评俞炜华的《婚恋与选择》

/ 黄有光

笔者于 2012 年 9—10 月在西安交通大学金禾经济研究中心访问讲课,承蒙中心的俞炜华博士赠送他于 2011 年由山东人民出版社出版的《婚恋与选择》一书。读后,虽然受益匪浅,但对书中认为人类婚姻没有未来的观点,有不同的看法,特书本文。

评俞炜华的《婚恋与选择》

此书的副标题是"经济学告诉你古今婚恋的奥秘"。作者是搞经济学的,主要是从经济学的观点谈恋爱、婚姻、家庭以及相关问题,但也考虑了进化生物学的一些因素。很多人可能会认为有关爱情与家庭的问题不能够只用生物与经济的因素来分析,更加重要的是社会、文化、人际关系等因素。笔者认为影响人们选择的是偏好与约束。生物因素(nature,自然)决定人们的基本偏好,社会文化因素(nurture,教养与环境)——包括人们的教育与经历等——影响人们的偏好。给定偏好,人们在不同的约束条件下进行选择。约束条件主要受经济因素影响。因此,生物、经济与社会文化因素都很重要。

哪一个因素更加重要呢?这要看什么问题。例如,决定人们的眼睛看到的颜色,完全是遗传的作用;影响一个人是否会偷东西的因素,社会环境的因素很重要;面临饥饿时,铤而走险的可能性加强。因此,多数情形是多种因素都在起作用。对于此书所谈的婚恋问题,笔者认为生物因素决定人们这方面的共性(包括男女之间的差异),古今中外不同社会在婚恋问题上的不同选择,主要是由不同的经济约束条件决定,社会文化因素的作用是比较次要的。而且,社会文化因素的不同,往往也反映长期的经济约束的不同。因此,此书虽然只是根据进化生物学的基本原理,主要从经济因素分析婚恋问题,很少考虑社会文化因素,但笔者认为此书对这些问题的分析是非常成功的,至少是令笔者很信服的。

从此书的分析,显然可以看到作者对现代正统经济学基本理论的理解和洞见。还有,此书的引述,从恩格斯的《家庭、私有制和国家的起源》到贝克尔的《家庭论》与波斯纳的《性与理性》,从国学经典《孟子》到吕思勉的《中国通史》，涵盖古今中外。

此书分析的问题，从一见钟情到"老牛吃嫩草"，从高房价到聘礼，从"处女情结"到门当户对，从童养媳到婚姻出轨，从一夫多妻到血亲融资，从裹脚到"二奶"，都有很精辟的分析。笔者相信，多数读者如果仔细阅读，一定会受益匪浅，甚至会拍案叫绝。笔者向读者强烈推荐此书。此书的确配得上董新兴先生在序中的大力推荐。

笔者很赞同与欣赏此书的分析，因此让读者自己去读，不必介绍与评论。不过，对书中人类婚姻没有未来的观点，本人有不同的看法，特此略为讨论。

人类婚姻的前途

俞炜华认为"人类婚姻会走向灭亡"。至少在下述两个意义上，这个说法可以说是对的。第一，结婚，尤其是正式结婚的比例在下降。第二，人类本身会随着太阳系、银河系甚至整个宇宙的灭亡而灭亡，那么人类婚姻当然也会灭亡。

我们要讨论的"人类婚姻会走向灭亡"的观点，是指在不太久的将来（例如几百年或几千年内），婚姻会在人类社会消失。

俞炜华关于婚姻在人类社会中消失的论述，有如下三点：

第一，人类婚姻的生物基础已经不复存在。

人类婚姻的生物基础是：女性用"贞洁"换取男性对自己及小孩的抚养（详见本书《人类婚姻的生物本质》）。婚姻中的男性给女性一个承诺——抚养女性和双方共同生育的后代；女性给男性一个承诺——后代的确是男性的……

现阶段，随着基因技术的进步，通过生物手段可以低成本地进行亲子鉴定。这就从技术上保证了男性不会养错小孩。因此，男性对女性的婚前和婚后"守贞"的要求得以降低。婚前同居和婚外性关系的增加只是人们对这种技术进步及其社会影响做出的合理反应罢了……

因此，随着生物技术的进步，家庭存在的生物基础已经不再存在，女性不再需要用"贞洁"换取男性对自己及小孩的抚养。

笔者不否认基因技术的进步，但认为它不会在几百甚至一两千年内改变人们由遗传而来的、由几十万年的进化而来的本性。在还没有基因工程之前，这至少需要几千几万年时间的进化。当前婚前同居和婚外性关系的增加并不是人们对这种技术进步及其社会影响做出的反应，而是由其他原因造成的。因此，家庭存在的（由进化而来）偏好基础，即男女双方偏好在一起生活与共同抚养小孩，依然会在相当长的时期内存在。

人们由遗传而来的偏好,是由随机变异与自然选择而来的,只要是在百千万代的进化历史中适合生存与传宗接代,就会维持。即使环境改变了,偏好不会立刻随之改变。例如,男子喜欢细腰的女子,是因为已经怀孕的女子的腰肚会大起来。如果我的祖父喜欢腰肚粗大的女子,专门与已经怀孕的女子同房,如何能够生出有自己基因的子女呢?我祖父没有子女,如何生出我来呢?还有,喜欢细腰女子的男子,心中并没有想,细腰女子多数没有怀孕,他就是自然喜欢细腰。这随机变异而来的偏好使他选择的与之同房的女子已经怀孕的可能性比较小,因而有利于他的基因的传播。

假定将来发明优越的试管培育胎儿的方法,人们都在怀孕一两个月内把胎儿转移到试管,因此孕妇的腰肚都不会大起来。到那时,喜欢细腰的生物基础已经消失了,但喜欢细腰的偏好还会长时间存在。同样的,亲子鉴定的基因技术的进步,不会在几百年甚至几千年内使人们失去组建家庭的偏好。

而且,家庭对养育子女的重要性不只是确保亲子关系,还有提高子女的生存能力的作用。

第二,女性大规模参与市场活动以及社会保障体系的建立和完善减少了女性对婚姻的依赖。

……

与此同时,社会保障体系的完善也使得父亲在子女抚养中的地位下降。

笔者同意这分析，但认为这只会减少家庭的重要性，从而减少人们建立家庭的比例，而不会使家庭完全消失，因为这只是减少家庭的经济基础，而没有使家庭存在的进化生物基础及由之而来的偏好消失，而这生物因素更加重要。

第三，市场交易的技术进步速度快于"家庭内交易"的技术进步速度，市场将不断代替家庭，结婚的收益在不断减少。

> 结婚的目的是男女以家庭的形式获得分工合作的利得……家庭能提供的"商品"和服务，如性、小孩、家务劳动、保险和教育等，市场同样能提供……

笔者也大致同意这个分析，并认为它是家庭比例减少的重要原因之一。然而，笔者认为人们虽然能够在家庭以外获得"性、小孩、家务劳动、保险和教育等"，但其质量可能比不上由家庭尤其是长期稳定的家庭所提供的。例如教育，小孩不但需要学校的教育，也需要家庭的教育。再如性，依靠金钱交易与"一夜情"的人，并不比有稳定配偶的人更快乐（这是快乐研究的一致结论）。长期稳定的配偶，能够使人们相互适应，长期学习，在性与其他方面的需求能够达到更高的高度。因此，男大当婚，女大当嫁，是对的。

总结一下，婚姻与家庭的重要性可能会下降，结婚者占比可能会降低，但多数不会在可以预见的将来（几百年或几千年内）完全消失。

附录 2

妾心如水意为谁
——读《婚恋与选择》有感

/ 王苗苗

二十岁是一个很好的年龄：未足够成熟，未多经世事，对未来的生活和爱情尚且怀着极单纯的幻想。周围的女生在谈论爱情时稍稍流露的小心事让人完全忽略有些人宣扬的这时代已没有纯真爱情的说法。我一直相信有爱，但却不能理解两个陌生的人为什么要相依相守，执此一生。在茫茫人海中，在生命稍稍开始的时候，你便懂得在这漫长的人生路上会有一个人穿越千重万重的目光，最终牵起你的手，陪你一生。爱情，给人带来足够遐想，让多少人沉湎其中！这感情神秘且神圣，让人太执迷又太困惑。

早在暑期跟着俞老师做调研的时候，俞老师便开始向我们一群尚眨巴着眼睛期待爱情的男生女生传授他所谓的"庸俗婚恋经济学"。作为一个生物学功底尚好,一直固执地认为人身上有不可磨灭的生物习性的经济系女生,我是这些人中少数不排斥老师观点的人之一。老师说:"我又污染了一个少女纯洁的心灵。"写此文的前两天,跟老师交流的时候我被评价为"让老师都觉得恐怖的女生",想来老师的负罪感减轻了很多。作为最早拜读《婚恋与选择》(以下简称《婚恋》)的少数读者之一,我很喜欢老师的文章。虽然时常跟老师争论,但老师书中的大多数观点和解释我都觉得很合理、很新鲜。

人类任何一种制度的安排都是建立在规范合约的基础之上。婚姻作为人类社会绵延传承的一种合约在人类不同时期有不同的制度体现。作为生物,人之为人似乎是与其他生物一样,其存在的意义不过是为了使得基因延续下去。想想你不过是基因延续下去的实体,确实是很令人伤心的。抛却这种令人伤感的生物本源的问题,生命中的各种状态都是美好和神奇的。婚恋便是这状态中极具吸引力的情节。不论是封建社会中"合两姓之好"的婚姻,还是现代社会中的自由婚恋,皆是这漫漫演化过程中适应自然和资源的社会制度安排。虽然有些制度是以牺牲少部分人的福利来换取整个社会福利的最大化,但不得不承认,这些体制和规范确实是在不同阶段为了让人更好地生存于自然界的安排。人胜不了天,却可以随着条件的更替变化改变自己的行为准则。

作为一门应用学科,经济学不同于其他的学科,其理论来源于人的行为和活动，其存在也不过是为解释人的行为，并为以后的行为提供指导。较之自然的"天道有常"，经济学更加无常。婚恋及其制度安排是人的行为，那么其在不同的阶段衍生出来的问题和体制的安排自然可以利用经济学思维，从福利最大化的角度来考虑。因此，从婚恋中派生的各种问题，从经济学的角度来考虑自有其渊源。在《婚恋》这本书中，老师在解释婚姻中很多问题，如"包二奶"、"一夜情"、彩礼等被人嗤之以鼻的现象以及"剩女"、"养宠物"、高离婚率等社会问题时，皆是利用经济学的思想，从成本收益的角度来考虑，解释这些现象的更深层次的原因，读来新颖又特别。

不过，将"婚恋"这样让人充满期待又极其美好的字眼和"成本收益"这样跟金钱直接挂钩的名词联系在一起，是容易让人排斥的。在大多数人的心中，不是什么事情都可以用利益来衡量的。经济分析的基本假设是人具有自私性。很多人不同意，是因为我们生活中的很多利他行为阻止我们做此定论。但是细想人的行为，也不过是成本收益权衡后的结果，是为自身利益而做的决定。当我们做出某一行为的成本较小或是收益较大的时候，我们便愿意选择此行为。抚养小孩、赡养父母、帮助陌生人皆是如此。因此很多现象便不难理解了："久病床前无孝子""身残小儿遭父嫌"，皆是由于有所为的成本太大了。婚姻作为人类的行为自然也是我们对成本收益权衡的结果。不过，婚姻这份合同的有效期很长，对人的影响极其深远，因此，其合同履行过程中的变数相当多。

讲到婚姻,最先容易让人联想到的便是爱情。描写爱情之美好的诗句很多:"取次花丛懒回顾,半缘修道半缘君";"君当作磐石,妾当作蒲苇。蒲苇纫如丝,磐石无转移"……在同样美好的描绘中,却有着另一面的悲情:"我达达的马蹄是美丽的错误。我不是归人,是个过客……"在《婚恋》这本书中,老师分析了爱情的相关问题,作为青年男女做取舍的参考。男女生在面对爱情的时候,如果已经看清这不是自己该等待、该爱的人,要学会舍弃。之前的感情、时间以及精力的投入已经无可挽回,就变成了经济学所说的沉没成本。在结果可以预见的情况下,更多的投入只是徒增自己在没有希望的感情中的损失。在选择爱情的时候,要懂得珍惜眼前人,曾经交好的帅哥或者美女一旦沉没了,等待未来更好的人出现是需要承受风险的。因此,眼下已了解的人是最好的投资品。

"婚姻是爱情的坟墓。"有人这样讲。在生物学家的眼中,爱情是一种化学物质,其有效期不过三年。在爱情必死的情况下,如果非要给爱情一个葬身的地方,婚姻是很合适的选择。在婚姻生活中,两性在生活的磨合中,相扶相携,会产生关系更加牢靠的感情——亲情。由于婚姻生活中有小孩的出现来维系感情,这关系也会更加长久。并且,婚姻中的两个人,生存成本更小,所获取的收益更大。甚至在很多时候结婚都不是为了爱情,结婚更像是为了完成基因赋予我们的使命,并且保证自己在人生的旅途中不是一个人孤独地老去。爱情在婚姻关系中的可有可无在古代的婚姻制度中体现得更加淋漓尽致。中国古代讲求婚姻是"合两姓之好",便是其体现。关于婚姻的成本收益,老师讲得很详细。在经济学家的眼中,婚姻是规模报酬的体现,婚姻在降低生存成本的同时增强了个体抵御风险的能力,因此我们会选择一个人陪我们走下去。

在数千年的婚姻史中,为提高婚姻收益,女性一直是制度的牺牲品,衍生出来的"驯服"女性的工具和手段也是层出不穷:除了对女子言谈举止进行的教化,还有对女性身体的残害——裹脚和女性的"割礼"便是其中有代表性的残忍手段。从经济学的角度来解释这些行为产生的原因,是男子为了确保自己获取的资源消耗在自己的基因延续上,而不是帮助别人延续基因。在"女淫妇贞"的社会中,男人则会采取另一种方式,即"杀头子"来保证女性生的孩子携带的是自己的基因。在哈代的悲剧小说《苔丝》中,因男主人公太在意女性的贞洁而让女主人公深陷窘迫之境,最终走上了不归路。这苛刻的社会制度和严格的道德规范在提高整体收益的情况下,也为很多人带来了不小的创伤。当然,在以往的社会中也有很多制度一度被人误解,如童养媳制度。窦娥和"小白菜"的故事深入人心,我们一度以为这制度是纯粹的黑暗。然而,在资源极其稀缺的情况下,抚养不起小孩子的家庭若不能找到人收养，小孩子很容易饿死，特别是女婴，还很容易被溺死。童养媳制度的出现让没有能力养小孩子的家庭可以将女儿送人，救了很多女孩的命。这样的分析真的很让人赞叹。

在现代社会中，由于女性可以参与生产劳动，束缚女性的成本越来越大，婚姻中的两性关系慢慢趋向平等。并且由于婚姻制度的变化，其对个人的束缚越来越小，离婚率逐年攀升，让人对婚姻的未来很是担忧。《婚恋》中有一篇文章分析了人类婚姻的未来，认为人类的婚姻没有未来，人类会步入一个小孩从母的社会，即老师所说的母系社会。这与传统定义的母系社会有别。对这点我不是很同意。小孩从母就称之为母系社会，这是不太合理的。《自亚当和夏娃以来——人类性行为的进化》这本书就讲过大猩猩的社会便是小孩子从母而不知其父，但是资源的控制者和开拓者却是雄性大猩猩。这不能被称为母系社会。这样的社会早已存在，不是什么新鲜的创造。只能讲，我们努力地发展，最终回到了最初。至于人类的婚姻最终会走向哪里，我不是很清楚，但我觉得一夫一妻的制度确实很难再存在下去。也许在资源足够丰富的条件下，社会分担抚养小孩的部分成本和责任，那么回到大猩猩的社会也不是不好。爱，在这时候该会变得随心而自由。

人类的婚姻史中藏了太多的不幸和悲情。婚姻经历了数千年的演变，女性是这制度和历史的牺牲品。我们不能讲它这么坏。在局限的历史条件下,各有各的好处。在裹脚、童养媳、彩礼等这些被现代人唾骂的现象中,终有其合理的一面。妾心如水,良人不来。这等待的漫长,终会随着制度的演进和变革逐步消减。两性因生理条件差异造成的在婚恋中的不平等,也许在没有婚姻只有爱情的那一刻才能消除。

后 记

尽管自己的专业方向是经济史，但作为贝克尔的信徒，婚恋与家庭现象一直是我关注的问题。在董新兴教授、谢作诗教授等人的鼓励下，我陆陆续续在《经济学家茶座》和一个微信公众平台上发表了一系列用经济学方法看古今婚恋的小散文。本书是在2011年出版的《婚恋与选择》的基础上，又添加了2011年后发表的一些关于婚恋的经济学小散文而写成的。

在本书酝酿和写作过程中，我得到了不少前辈、同事和学生的帮助。当然最应该感谢的是我的导师郭誉森教授。本书不少想法来自和郭老师日常的闲谈。"人类的婚姻没有未来"，"人类即将重新进入母系社会"，熟悉郭老师的人看到这些论断，就知道其中的"郭氏味道"。可惜的是笔者才疏学浅，将郭老师深邃的思想变成的文字百无一二，更无法变成经济学的通用语言——"数学模型"，在此只能向郭老师表示歉意了。

在《婚恋与选择》出版后，著名经济学家黄有光教授为该书撰写了书评，令我深感荣幸，也深感压力。黄有光教授不光学问做到当前华裔经济学家的顶峰，在经济学普及上也着力甚多，被誉为普及经济学三侠中的"笑侠"。本书从生物演化角度看待婚恋现象的研究视角就是受黄有光教授的启发。在整理本书相关稿件时，我脑海中浮现的是黄有光教授谈婚恋的生物基础时爽朗的笑声。

同事赵媛、李芮、郑丽萍不光是本书相关章节的第一读者，在学术研究和日常事务上对我也帮助甚多。她们让我深刻感受到了中国传统女性那种真诚和善良，我对她们的感激之情无以言表。

台湾中研院经济所的詹维玲研究员一直以赞赏的语言鼓励我。因为能力有限，我做的远没有詹老师期望的那么多。詹老师的期望，我将铭记在心，内化为自己普及经济学知识的动力。

感谢西安交通大学金禾经济研究中心的学生和选修我开设的"社会问题的经济学分析"课程的同学，能够容忍一个年轻的老师在讲台上狂喷"爱情和婚姻是理性的"，你们的意见对本书的完善至关重要。

感谢父母对我求学的支持和爱人门敏对家庭的付出！宝贝女儿俞欣言让我深刻地体会到"小孩是父母快乐的重要源泉"，也理解了小孩作为一种专用性资产对婚姻的价值，你成长中的点滴我将铭记在心！

图书在版编目（CIP）数据

婚恋经济学／俞炜华著．－－北京：生活·读书·新知三联书店，2020.5
（经济学家看世界）
ISBN 978-7-108-06348-9

Ⅰ．①婚… Ⅱ．①俞… Ⅲ．①婚姻－经济学－通俗读物②恋爱－经济学－通俗读物 Ⅳ．① C913.1-49 ② F069.9

中国版本图书馆 CIP 数据核字（2018）第 145334 号

选题策划	王博文
特约编辑	董新兴
责任编辑	俞方远　陈富余
装帧设计	蔡立国
责任印制	卢　岳
出版统筹	姜仕侬
营销编辑	刘旭洋
出版发行	生活·讀書·新知三联书店 （北京市东城区美术馆东街 22 号 100010）
网　　址	www.sdxjpc.com
经　　销	新华书店
印　　刷	山东德州新华印务有限责任公司
版　　次	2020 年 5 月北京第 1 版 2020 年 5 月北京第 1 次印刷
开　　本	720 毫米 × 889 毫米 1/32　印张 9.75
字　　数	230 千字
定　　价	58.00 元

（印装查询：0534-2613999；邮购查询：010-84010542）